W0276890

TOUT COMMENCE PAR SOI

TATIANA SILVA

Albin Michel

DéDICACE

À ma mère Crisalida Vieira-e-Silva
À mon père Lucilio Braga Tavares
À ma famille et à mes amis
À chaque personne qui a croisé mon chemin
À l'Univers

Je suis le fruit de nos échanges, de nos accords et divergences, de vos peurs, des miennes, de votre lumière, de votre amour... et de mon propre chemin.

SOMMAIRE

86 *Les clés*

PRÉAMBULE

C'est un ami qui m'a fait découvrir l'expression « *Panta rhei* ». En grec ancien, elle signifie « Toutes les choses coulent » et synthétise l'idée d'un monde en perpétuel mouvement. Tout se renouvelle sans cesse. Tout coule, tout passe.

Quelle sagesse que ces mots ! Car tout passe en effet, toute douleur s'atténue, tout s'estompe grâce à la magie du temps. Son pouvoir réparateur adoucit nos souffrances les plus vives, nos blessures les plus profondes.

Pourtant, parfois, même si la blessure ne saigne plus, elle cicatrise mal et laisse des marques qui affectent notre façon d'être, de voir le monde, de l'appréhender. Alors nous nous égarons, nous nous éloignons de notre authenticité, nous perdons notre alignement, nous réagissons en fonction des chocs émotionnels endurés par le passé.

Il m'aura fallu plusieurs années pour réaliser à quel point le plus grand traumatisme que j'avais vécu avait déterminé mes choix, tracé mon chemin, façonné ma manière d'être. Ce n'est que lorsqu'un inconfort profond s'est fait ressentir que j'ai décidé de changer de direction. Au lieu de me projeter sans cesse dans un avenir meilleur, j'ai cherché dans le passé pour comprendre, pour déceler ce qui m'appartenait, ce dont j'avais encore besoin pour grandir, ce qui entravait ma liberté.

De toutes les expériences que j'ai pu vivre dans ma vie, cette quête est de loin la plus belle car elle a donné du sens à mon existence, elle m'a permis d'apprécier pleinement ce que j'avais : ma famille, mes amis, mon confort, mon travail, les moments de vie simples comme un bon repas, un rayon de soleil, une conversation sur la vie, ou encore la grâce de certaines synchronicités[1]. Et, au-delà de tout cela, cette quête m'a aidée à considérer tous les moments de vie difficiles

1 L'apparition simultanée d'événements qui semblent être étroitement liés, mais qui n'ont aucun lien de causalité visible.

« La vie, ce n'est pas attendre que les orages passent, mais apprendre à danser sous la pluie. »

Sénèque

comme des cadeaux pour m'aider à avancer. La célèbre phrase « La vie, ce n'est pas attendre que les orages passent, mais apprendre à danser sous la pluie », attribuée au philosophe Sénèque, prend aujourd'hui pour moi tout son sens.

Durant des années, j'ai tenté de résister tel un roc lorsque j'étais prise dans une tempête. J'y suis parvenue mais j'ai perdu quelques plumes à chaque bourrasque. Je pensais que ma résilience résidait dans la force dont je faisais preuve. En réalité, à chaque bataille, je devenais de plus en plus sensible face aux difficultés.

Entamer cette quête m'a rendue plus souple, flexible comme un roseau, sans rien perdre de ma résistance. J'ai commencé à me stabiliser, à puiser ma force dans mes nouvelles fondations. Mes racines se sont ancrées dans un sol plus sain, nettement plus riche, et non plus dans les murs de ma forteresse. Bien qu'il reste encore des murs à déconstruire, je peux observer sereinement la tempête se former au loin et me préparer à l'affronter sans être prise au dépourvu.

Considérant à la fois les peines et les grandes joies, je sais aussi que le meilleur reste à venir, non pas parce que j'attends de plus belles choses encore, mais parce que j'apprécie mieux ce que la vie a à m'offrir à chaque instant, ayant moins peur de ce que l'avenir me réserve. Le temps coule et je grandis. Le temps passe et mon regard sur la vie me permet de l'apprécier davantage. Sur ce chemin j'apprends à aimer, à valoriser le plus petit événement et à le recevoir avec une infinie gratitude.

J'espère qu'au fil de votre lecture, l'une de mes phrases, l'une de mes expériences fera écho en vous et vous conduira à pousser une porte ouvrant sur un monde précieux jusqu'alors invisible.

Ainsi, à votre tour, vous pourrez partager avec d'autres votre cheminement, celui qui vous a guidé vers plus d'apaisement et de lumière. Et qui sait, peut-être ces personnes seront-elles tentées d'entamer leur propre quête à leur tour ?

Namasté[2]

2 *Namasté* vient du sanskrit (langue parlée en Inde) et signifie : « Je m'incline devant toi. » *Ce geste est un signe de reconnaissance d'une âme envers une autre âme.*

« QUE VOS CHOIX SOIENT LE REFLET DE VOS ESPOIRS, ET NON DE VOS PEURS. »

Nelson Mandela

Bali, 2013

La chaleur moite m'oblige à ralentir le pas. Mon corps est enveloppé par la douceur de l'air. Après la mousson, les odeurs circulent sur la terre, les feuilles, les pierres chaudes, et se mêlent à celles de ma sueur. « Pétrichor », c'est un joli nom. On m'a appris que c'était ainsi qu'on nommait cette odeur si particulière, celle de la terre après l'orage. La ville d'Ubud est entourée de rizières en terrasses parsemées de temples construits par chaque habitant sur sa parcelle de terre. Chaque matin et chaque fin d'après-midi, les Balinais placent leurs offrandes pour honorer la vie. Mes sens s'habituent peu à peu aux couleurs vives de ces multiples petits paniers remplis d'encens et de fleurs rouges, jaunes, blanches et bleues. Des sons jusqu'alors inconnus de moi résonnent dans la forêt tropicale toute proche. Je marche dans les rues, immergée dans les parfums d'encens où je flotte, hors du temps.

C'est mon premier voyage seule. Il était vital. J'avais besoin de me retirer, de prendre de la distance avec ce que je pensais avoir construit, de me donner un nouveau souffle. Jusque-là, je croyais que mon équilibre dépendait de l'extérieur : le travail, les relations amoureuses et amicales, les possessions matérielles. Je tentais d'ignorer le grand ménage à faire à l'intérieur de moi. Je pensais que les fondations de ce que j'avais ainsi bâti allaient me tenir debout. Mais un jour, tout s'est effondré. Il a suffi d'un événement pour que la fragile structure s'écroule. J'ai perdu tous mes repères. Que je le veuille ou non, il fallait que j'aille voir ce qu'il se passait à l'intérieur de moi.

C'est à Bali que j'ai commencé mon voyage vers une meilleure compréhension de ce que j'étais. C'est à Bali que j'ai entendu ces phrases si précieuses qui annonçaient le début de ma quête : « La formation des diamants nécessite de très hautes températures et pressions. Avant d'être découverte, la pierre a connu plusieurs métamorphoses ; elle est déjà précieuse, mais personne ne l'a encore vue. Pour briller aux yeux de tous, le diamant devra encore franchir des étapes : être modifié, taillé, poli. Toi aussi, tu as besoin de connaître des transformations profondes, parfois douloureuses. Alors, tu brilleras. »

Je m'appelle Tatiana Silva Braga Tavares. Mon nom est une ode à la diversité du peuple cap-verdien. Braga Tavares est le nom de mon père, Lucilio Braga Tavares. Silva, le nom de ma mère, Crisalida Vieira-e-Silva. *Crisalida*, la « chrysalide ». Présage d'un prénom porté par celle qui ne deviendrait jamais papillon. Coincée au stade de chrysalide, ma mère n'a pas vraiment connu la liberté, l'indépendance, l'épanouissement.

Mes parents étaient originaires du Cap-Vert. À leur époque, l'archipel était encore une colonie portugaise. Ma mère s'apprêtait à commencer des études lorsqu'elle rencontra mon père, Lucilio, de huit ans son aîné. Tombé sous le charme, il demanda sa main à ma grand-tante, qui l'avait élevée. Lucilio était alors très impliqué dans la politique et luttait pour l'indépendance du Cap-Vert. Il venait d'une bonne famille et faisait partie d'une élite qui avait le privilège d'étudier. C'était un bon parti. Du haut de ses 20 jeunes années sans expérience amoureuse, admirant cet homme pour sa beauté et son assurance, ma mère accepta. Ils se marièrent.

Dès le début des années soixante, plusieurs intellectuels cap-verdiens participent à la lutte anticoloniale organisée par le PAIGC (Parti africain pour l'indépendance de la Guinée-Bissau et du Cap-Vert). Mon père s'engage dans cette lutte et comptera parmi les premiers prisonniers politiques à être arrêtés, puis torturés en détention. Il n'en parlera jamais. Pour fuir les persécutions, il part en bateau vers l'Afrique du Sud rejoindre une autre colonie portugaise, le Mozambique, où ma mère le retrouve. C'est là que ma sœur et mon frère sont nés. On m'a rapporté les mots qu'il aurait écrits dans une lettre adressée à sa mère lorsqu'il était en Afrique du Sud : « Je suis arrivé dans un pays où un Noir a moins de valeur qu'un chien. »

Leur route se poursuit vers l'Europe, où mon père demande le statut de réfugié politique. Alors qu'une grande partie de ma famille a migré aux Pays-Bas, mes parents s'installent finalement à Bruxelles. Mon père y est accepté comme étudiant pour devenir prothésiste dentaire. Il poursuit ses études la journée et travaille le soir. Ma mère, aide-ménagère, rêve de son ancienne vie où tout était plus doux et facile. Sa famille, privilégiée, habitait une grande maison dans le centre historique de la ville de Praia. Sa nostalgie pour ces

« Je suis arrivé dans un pays où un Noir a moins de valeur qu'un chien. »

moments de bonheur la plonge dans des souvenirs empreints de gaieté, de goûts et d'odeurs de *katchupa*[1], de *friskinias*[2] et de *linguiça*[3], des jours faits de musique, de danse et de nonchalance. Ces racines-là ont certainement influencé ma personnalité, mon intérêt pour le voyage, ma force et ma joie de vivre.

Mais la *saudade*[4] de ma mère aura raison du couple qu'elle formait avec mon père. Lucilio était un homme libre et passionné. Ma mère avait dû renoncer à ses rêves, à des ambitions qu'elle n'avait pas réussi à porter ou à avoir le courage de vivre. Je crois qu'elle a davantage subi que choisi. Ses peurs et ses déceptions ont fait naître une certaine amertume. Pourtant, l'amour qu'elle m'a prodigué était immense et lumineux. Elle fut mon premier amour, je peux le dire en toute sincérité. Un amour profond que je n'ai sans doute jamais expérimenté à nouveau.

Un peu avant ma conception, mes parents s'étaient séparés. Crisalida avait décidé de repartir vivre au Cap-Vert. Mon père est allé la chercher pour une raison qui reste encore floue à mes yeux. Je ne saurai jamais le fin mot de l'histoire. Mais, au moins pour une nuit, ils se sont unis. Je suis le fruit de ces derniers moments d'union.

Le 5 février 1985, je vois le jour. Mes parents sont à nouveau séparés. Mon frère et ma sœur sont alors âgés de 18 et 17 ans. Ma famille est dispersée entre le Portugal, le Cap-Vert et les Pays-Bas. Ma mère et moi vivons à Bruxelles, toutes les deux, seulement toutes les deux. La fusion avec elle vient certainement de là.

Les souvenirs de mon enfance me reviennent quand je me balade aujourd'hui à Bruxelles sur le boulevard Anspach. Un sourire m'illumine. Je vivais dans un cocon molletonné, mon enfance était douce. Toute cette période de vie était comme invitation à faire des réserves pour plus tard, comme si ma mère savait.

Ma mère et moi étions isolées du reste de la famille, dispersée dans plusieurs pays. Nous à Bruxelles, eux à Rotterdam, Lisbonne, Praia. Nous nous retrouvions lors des fêtes et des vacances scolaires. C'étaient de grands moments de joie, celle que donne le sentiment d'appartenir à une tribu. Les séjours aux Pays-Bas ont

1 Ragoût traditionnel du Cap-Vert à base de maïs et de haricots secs.
2 Glace artisanale à base d'eau qui font l'unanimité au Cap-Vert.
3 Saucisse de porc assaisonnée à l'ail et au paprik.
4 Mot intraduisible, la *saudade* est un sentiment propre aux Portugais. On essaie de l'expliquer et de lui donner un sens, mais on n'obtient qu'une idée approximative de ce qu'il désigne et qui peut se comparer à un mélange d'états d'âme : mélancolie, tristesse, regrets, rêverie, nostalgie et insatisfaction.

> *« L'amour d'une mère pour son enfant ne connaît ni loi, ni pitié, ni limite. Il pourrait anéantir impitoyablement tout ce qui se trouve en travers de son chemin. »*
>
> **Agatha Christie**

vraiment coloré mes souvenirs d'enfance. Tout était différent là-bas : la langue, l'énergie, la nourriture…

J'aurais aimé habiter plus près de cette famille : je vivais la séparation comme un déchirement. Ces bulles hors du temps finissaient toujours par éclater. Tout le monde restait là, ma mère et moi étions les seules à repartir à Bruxelles. Cela pourrait expliquer mon aversion à dire au revoir aujourd'hui. Je préfère dire « à demain » et éviter les adieux qui me rendent tristes.

Ma mère et moi vivions dans un appartement dont les murs étaient recouverts d'un papier peint à grosses fleurs, typique des années soixante-dix. Je me souviens d'une photo placée sur la cheminée : ma mère posait avec Miss Belgique 1987. Je n'aimais pas notre salle de bains. Elle était sommaire et reflétait notre condition sociale, modeste et précaire. Pourtant je n'ai manqué de rien, ma mère a toujours fait au mieux pour que je puisse grandir avec beaucoup d'amour, des vêtements propres et de quoi manger.

Elle travaillait selon les opportunités qui se présentaient. Nous vivions très modestement mais elle avait un don précieux : elle gérait merveilleusement bien ses comptes. Avec peu de moyens, elle réussissait à nous offrir une vie confortable. Elle achetait nos vêtements dans des boutiques de seconde main, une habitude que j'ai gardée. J'adore encore saisir les occasions, fouiller, trouver de belles pièces sans trop dépenser.

Notre vie était réglée comme du papier à musique. Il y avait peu de place pour la folie. Ma mère avait eu une éducation catholique. Elle était d'une grande discrétion, n'aimait pas les scandales, respectait les règles et l'autorité. Elle tenait aux valeurs qu'elle m'inculquait : le respect, le savoir-vivre, l'honnêteté et l'engagement. Elle n'était pas très démonstrative, ses preuves d'amour passaient par le don et l'attention, par ses peurs aussi. Élevée par une tante stricte, elle a fait avec ce qu'elle a reçu. Je crois que mon existence donnait un sens à sa vie. J'étais sa princesse. Elle me surprotégeait sans doute par crainte de perdre ce qui était le plus précieux pour elle.

Où était mon père ? Il ne passait pas souvent nous voir, il gardait sa liberté. J'ai rarement vu mes parents présents dans une même pièce. Ma mère se tenait souvent très loin de lui lorsqu'ils devaient se rencontrer. Les rares histoires qui parvenaient à mes oreilles n'étaient pas très joyeuses.

Je lui rendais parfois visite au retour de l'école à Bruxelles. C'étaient des moments précieux car ma mère parlait rarement de lui en termes élogieux, elle ne digérait pas son divorce et déversait sa colère et ses frustrations sur l'enfant que j'étais, ce qui avait le don de m'irriter et de décupler mon amour pour mon père. Mon père devait verser une pension alimentaire qui arrivait au compte-gouttes. Plus tard, lorsqu'il est parti s'installer au Cap-Vert, je lui écrivais des lettres afin de lui donner de mes nouvelles, mais mes mots affectueux étaient entachés : je lui rappelais sans cesse de ne pas oublier d'envoyer la pension, rappels que ma mère me demandait d'écrire. J'avais peur de perdre l'amour de mon père, peur qu'il puisse croire que mes mots gentils ne soient qu'une manipulation pour obtenir cet argent. Cette croyance me faisait culpabiliser.

Ma mère n'a jamais eu de travail fixe. Elle enchaînait les missions d'intérim, sans certitude pour le lendemain. Elle économisait pendant une année pour nous offrir des vacances à Lisbonne chez son frère Belmiro. Il fallait tout calculer : le coût du billet de bus mais aussi celui des repas, du trajet, des cadeaux qu'elle rapportait à chacun ainsi que des dépenses sur place. Fin juin, lorsqu'elle était certaine d'avoir réuni la somme nécessaire, elle m'annonçait enfin quand nous partions. J'attendais ce moment avec impatience. Elle appelait depuis une cabine téléphonique la femme de mon oncle, ma tante Anna-Maria, pour lui communiquer la date et l'heure de notre arrivée. Nous ne manquions de rien mais de tout à la fois, finalement…

Je me suis rendu compte des difficultés liées à son quotidien le jour où elle a dû m'amener avec elle à la Bourse du travail. Je me suis retrouvée parmi les adultes, au milieu d'une grande pièce froide. Tout était blanc autour de moi. Au fond de la salle, derrière un comptoir qui me semblait immense, un homme criait les annonces d'emploi à pourvoir. Les gens s'agitaient, je sentais leur impatience, la pression de l'attente, la crainte de ne pas avoir de travail. Tout se jouait là pour le lendemain, pour « gagner sa vie », comme on dit. Pendant quelques minutes, j'ai quitté l'état d'innocence et plongé dans la réalité des adultes patientant dans cette pièce.

Ma mère n'a pas obtenu de travail ce jour-là. Elle n'a pas prononcé un mot mais j'ai ressenti sa déception profonde et ses agitations. Nous avancions dans la rue, elle tenait ma main et je sentais les tensions de son corps, je voyais l'inquiétude dans ses yeux, pour elle et pour moi. Ces conditions de vie ont eu un impact sur notre quotidien : il fallait penser à tout, ne pas déborder, faire attention, suivre des habitudes bien réglées. Notre confort sommaire était conditionné par le respect du cadre imposé.

Je recevais tout l'amour nécessaire mais ma mère me surprotégeait. Aller à l'école était une bouffée d'oxygène, un vrai moment de liberté. Je coupais le cordon. Je sortais du cocon, d'un endroit où tout était fait pour qu'il ne m'arrive rien, et je pouvais enfin me confronter au monde extérieur. Nos rapports fusionnels et l'absence de mon père ont sans aucun doute mis en place une peur très profonde d'être seule et abandonnée. Ma mère était mon principal repère, ma seule référence. Je ne pouvais pas imaginer la vie sans elle.

Un jour où elle avait dû finir son travail plus tard que prévu, je l'ai longuement attendue à la sortie de l'école. Tous les autres enfants étaient déjà partis depuis longtemps, je percevais l'inquiétude de la surveillante qui s'apprêtait à prévenir la police. La panique a englouti la petite fille que j'étais. Comment ferais-je toute seule ? Une émotion terrible me prenait à la gorge, un vide absolu que je m'apprêtais à revivre quelques années plus tard.

J'ai mis des années à réaliser que notre relation était fusionnelle, quasi exclusive. La relation fusionnelle qu'une fille et une mère peuvent avoir les premières années ne peut pas se maintenir. Si je ne m'étais pas rebellée à l'adolescence, j'aurais alors vécu sa vie et non la mienne. J'avais besoin de respirer, de prendre de la distance pour exister, de m'affranchir.

Je suis donc sortie de l'enfance pour entrer dans une adolescence marquée par ma volonté de me libérer de ce

« Si je ne m'étais pas rebellée à l'adolescence, j'aurais alors vécu sa vie et non la mienne. »

cocon étouffant, de cette lourde cape qui, me protégeant, plombait aussi mon envol. Les conflits ponctués d'insultes et de remarques cinglantes sont devenus fréquents. Ma mère tombait de son piédestal et moi du mien. Je n'étais plus la fragile poupée en verre qu'il fallait surprotéger. Chaque jour, elle perdait de mon estime et moi je pensais perdre de son amour. Je me désolidarisais d'elle et construisais peu à peu ma propre identité. C'était ma déclaration d'indépendance. Elle, elle souffrait de voir sa raison de vivre s'éloigner, terrorisée par l'éventualité qu'il m'arrive quelque chose de grave, figée dans ses peurs. Un fossé se creusait entre nous, on touchait le fond. Ces moments n'étaient pas beaux à voir. Nos relations oscillaient entre le duo fusionnel et les rapports de force, entre les démonstrations d'amour et les accès de haine. Plus ma mère avait du mal à me voir grandir, plus je luttais afin de conquérir mon espace. Et mon père n'était pas là pour jouer son rôle déterminant de tiers et rétablir l'équilibre.

« Plus ma mère avait du mal à me voir grandir, plus je luttais afin de conquérir mon espace. Et mon père n'était pas là pour jouer son rôle déterminant de tiers et rétablir l'équilibre. »

C'est à cette période, alors que je la fuyais et me désolidarisais d'elle, que ma mère est tombée malade, en 1999. J'avais 14 ans lorsque les premiers signes de cancer sont apparus. Je n'étais pas au courant. Je l'ai appris au retour de l'école, le jour où je l'ai trouvée assise à table. Je garderai toujours en mémoire l'image de sa silhouette penchée sur la nappe à carreaux bruns et blancs. Elle, jusque-là si pudique, pleurait pour la première fois devant moi.

J'ai longtemps insisté avant qu'elle ne me révèle les raisons de son état. Elle a fini par m'annoncer son cancer du sein. À l'époque, on ne savait pas trop de quoi il s'agissait, si c'était grave ou non. Mais les effets secondaires de la chimiothérapie ont commencé à apparaître. Ma mère est devenue très faible. Elle avait souvent des nausées. L'intérieur de sa bouche était couvert d'aphtes. Elle gardait à côté d'elle, en permanence, un seau pour y vomir. Peu à peu, elle devenait fragile, elle qui avait toujours été une battante.

J'étais incapable de faire face à cet état, je détestais cette réalité insoutenable, je me sentais totalement seule face à sa maladie. Ma famille était loin. Je ne pouvais pas imaginer une seule seconde de la voir succomber, elle était mon héroïne en déclin. J'ai longtemps culpabilisé de ne pas avoir pu être la fille qui l'aidait, j'étais terrorisée à l'idée de ne pouvoir la sauver, effrayée par le sentiment d'insécurité qui m'envahissait. Est-ce que j'allais finir toute seule, livrée à moi-même ? La garante de mon insouciance sombrait peu à peu.

Par moments, j'arrivais à être un peu présente pour elle. La femme coquette qu'elle était a commencé à perdre ses cheveux. Nous sommes allées chez un perruquier. Chaque essai de perruque me brisait le cœur, me ramenait à sa maladie. Ma mère portait son cancer et je le ressentais dans ma chair. J'aurais tellement voulu avoir les moyens de lui offrir une perruque décente afin que ce passage de vie soit moins douloureux pour elle, qu'elle puisse rester digne face au regard des autres. J'ai tenté de sourire lorsqu'elle a fait son choix, j'ai affirmé qu'elle avait choisi ce qu'il y avait de mieux, j'ai souri pour qu'elle ne voie pas ma tristesse. Aujourd'hui encore, ce souvenir me fait pleurer.

Après une longue série de séances de chimiothérapie par intraveineuse faites à l'hôpital, l'oncologue de ma mère lui a proposé de poursuivre ce traitement par voie orale. Elle a alors choisi cette option moins invasive, plus supportable. Elle pouvait retrouver aussi une vie plus normale, elle n'avait plus besoin de cathéter. Tout doucement, elle recommença à vivre. À sa plus grande joie, ses cheveux repoussaient, elle retrouvait un peu de féminité. Elle avait toujours été très préoccupée par ses cheveux fins, et la lenteur de la repousse l'inquiétait. Je me souviens qu'elle testait régulièrement des lotions capillaires très prometteuses ou badigeonnait son cuir chevelu d'une mixture à base de jaune d'œuf.

Petit à petit, ma mère redevenait ma mère. Ça nous faisait du bien à toutes les deux. L'été 2000, nous sommes même parties en vacances à Lisbonne comme chaque année mais cette fois-ci, nous avons pris l'avion, une grande première pour nous. Ces vacances ont été douces. C'était comme si rien n'avait changé là-bas, comme si tout nous y attendait pour nous envelopper d'une merveilleuse bienveillance.

Au bout d'un an, tout était redevenu normal. Ma mère se plaignait parfois de douleurs à la main gauche, qui était souvent gonflée, rendant toute mobilité difficile. Les examens médicaux ne révélèrent rien de particulier. J'étais sur le fil du rasoir concernant ma réussite scolaire, mais je suis parvenue à passer en classe supérieure. L'été approchant, je m'apprêtais à partir au Cap-Vert et vivre mes toutes premières vacances sans ma mère.

J'y ai passé des vacances qui resteront parmi mes plus beaux souvenirs. J'avais l'impression d'être libre, de partir à l'aventure, de m'être affranchie pour quelques semaines de cette surprotection que ma mère faisait inconsciemment peser sur moi. Mon père, assez autoritaire en général, s'est aussi montré beaucoup plus détendu. Il nous a permis, à mes frères, à mon neveu, aux filles de sa femme et à moi de vivre des vacances sans entraves, joyeuses et légères. Je crois que cet été-là m'a donné pour la première et dernière fois l'occasion de plonger pleinement dans mon adolescence, de vivre comme une fille de mon âge, sans penser au lendemain, dans le moment présent, avec une folle insouciance, comme si l'Univers m'offrait ce cadeau, me remplissait de force, d'amour et de courage pour mieux affronter ce qui allait venir.

J'étais sous le soleil alors qu'au loin, les nuages commençaient à assombrir le ciel. Mon retour à Bruxelles fut brutal. Le cancer de ma mère était revenu, il fallait l'hospitaliser d'urgence. Elle devait entamer une radiothérapie. De nouvelles métastases étaient apparues au petit cerveau. Des années plus tard, ma sœur me racontera ce moment. Son fils courait dans le cabinet médical. L'oncologue lui a annoncé que la maladie était revenue. Ma mère a demandé à ma sœur si elle allait mourir. Ma sœur a tenté de la rassurer avant de partir exploser en sanglots aux toilettes.

L'annonce de sa rechute m'a brutalement ramenée à la réalité. Ce fut d'une grande violence mais je pense ne pas avoir pleinement compris ce qui arrivait dans l'immédiat. J'étais dans une forme de déni, peut-être.

Lorsque ma mère a commencé son traitement, elle est restée à l'hôpital. Nous ne le savions pas encore mais elle ne rentrerait jamais à la maison. Elle était partie pour être soignée mais une fois le traitement terminé, elle a été transférée dans un centre de rééducation afin de se remettre sur pied. Elle était encore trop faible pour être autonome.

J'ai le souvenir d'une réunion de médiation pour décider de mon avenir. Mon frère ne voulait pas que je vive seule, et ma mère, trop faible, ne pouvait pas réfléchir. Concentrée pour tenir sur sa chaise, elle tentait de participer à la prise de décision, sans y parvenir. Je sentais son épuisement, j'étais désemparée. Toutes les blessures familiales, tous les non-dits, toutes les fissures ont refait surface pendant cette réunion. J'observais la scène, l'attention dirigée vers les souffrances et la fragilité de ma mère.

Il était question de moi, de mon futur. Je me tenais là, tentant de rester digne et forte. Je souhaitais juste que tout cela s'arrête, que tout redevienne comme avant. Je voulais retrouver notre quotidien, mon innocence, mes préoccupations futiles : quelle tenue allais-je porter demain ? Le garçon qui me plaisait allait-il répondre à mon invitation ? Ma vie devenait de moins en moins légère.

« Il était question de moi, de mon futur. Je me tenais là, tentant de rester digne et forte. »

Ma famille a finalement accepté que je vive seule, le temps de la rémission de ma mère au centre de réadaptation. Mon frère me donnait de quoi faire des courses. J'ai conservé l'un de ces carnets de comptes où j'écrivais le montant de mes dépenses et collais les tickets de caisse. Toute cette période reste étrangement floue. Je ne me souviens plus de ce que je mangeais ni de quoi que ce soit de mon quotidien, hormis les visites à l'hôpital, puis au centre où se trouvait ma mère.

Lors de l'une de mes visites dans ce centre, ma mère m'a confié qu'elle était régulièrement dérangée par une femme qui venait fouiller dans ses affaires et ne semblait pas avoir toute sa tête. J'ai immédiatement prévenu l'infirmière. J'étais très agacée par le fait qu'on peut gêner ma mère dans ce qui lui restait d'intimité. Son espace au centre se réduisait à un lit et à une petite armoire. Je la sentais déjà très fragile et perdue dans ce lieu où elle manquait de chaleur humaine. Subir les intrusions de cette patiente venant fouiller dans ses affaires sans pouvoir réagir la désemparait. De mon côté, de la voir et surtout la sentir ainsi m'a transpercé le cœur. J'ai ressenti cet amour incommensurable, plus grand que soi, que j'avais pour elle et, pour la première fois, les rôles se sont inversés. Je devais la protéger, tout comme elle s'était évertuée à le faire avec moi depuis ma naissance.

Une chanson de l'artiste Camille traduit bien cette colère et cette impuissance face à la maladie d'un proche :

« Lève-toi, c'est décidé
Laisse-moi te remplacer
Je vais prendre ta douleur... »

Camille,
Le fil, Virgin/EMI, 2005.

Le même jour, j'ai demandé à ma mère un peu d'argent car j'en avais vraiment besoin. Est-ce parce qu'elle sentait la fin approcher ? Ma mère m'a spontanément tendu son portefeuille et m'a proposé de prendre sa carte bancaire. Elle m'a donné son code en ajoutant : « Tu peux les prendre. Ce qui est à moi est à toi. »

J'étais habituée à ne jamais toucher à ses sous. Très économe, elle ne parlait jamais d'argent. Ce jour-là, elle était détachée de tout ça. D'autres préoccupations plus importantes avaient pris la place. À cet instant précis, sans vraiment le comprendre, j'ai senti que quelque chose avait basculé en elle, pour nous, sans doute de manière irréversible. Je l'ai embrassée, et toute sa vulnérabilité a fait écho à la mienne. Je sentais la force de son envie de vivre décliner : son corps souffrait trop. Je n'ai jamais été aussi proche d'elle : sa fragilité me faisait peur mais je ne cherchais plus à fuir. L'empathie pour elle était la plus forte et nos tristesses se sont réveillées. Nous commencions à nous dire au revoir tout doucement.

Je n'ai plus le souvenir des premiers jours suivant son décès. J'étais tantôt chez moi tantôt chez mon copain. C'est un peu flou. Je pleurais beaucoup, partout. La femme qui m'avait élevée seule, qui avait cédé à mes caprices, qui avait pardonné mon insolence d'adolescente, qui avait sacrifié son bonheur afin de donner une chance au mien venait de mourir. Elle avait 57 ans, moi 16.

L'enterrement a eu lieu un lundi ou un mercredi, je ne sais plus. Il faisait gris. Je suis venue à l'église toute seule, en transports en commun. La présence des élèves de ma classe, accompagnés par mon professeur d'anglais, m'a surprise et touchée en plein cœur. Le cercueil, suivi du cortège, est arrivé. Je me suis effondrée.

Toute ma famille était là. Le contraste avec ma solitude des semaines précédant l'enterrement m'a frappée. J'avais besoin d'eux et, soudain, ils étaient tous là. Je voulais que la tribu soit réunie pour honorer ma mère une dernière

« LES CHOSES SE METTENT
EN PLACE,
VOUS SAVEZ.

PEUT-ÊTRE PAS
EN APPARENCE,
MAIS C'EST LE CAS.

QUAND VOTRE VIE
VOUS SEMBLE DÉSORGANISÉE,
ELLE EST GÉNÉRALEMENT
EN TRAIN DE S'ORGANISER.

SOUVENT POUR
LA PREMIÈRE FOIS. »

Neale Donald Walsch,
Messagers de lumière, J'ai lu, 2010.

fois, pour que son départ soit marqué par ce moment de solidarité où nous nous retrouvions enfin ensemble.

Je n'ai pas de souvenirs très précis de la cérémonie. J'étais accablée par la douleur et la tristesse. Je flottais. J'avais envie de dire quelque chose mais j'en étais incapable, je n'étais pas assez forte. Personne n'a prononcé un mot. Je regrette que la mémoire de ma mère n'ait pas été honorée par un discours. Aujourd'hui, je veille toujours à ce que quelques mots soient dits lors d'un enterrement.

Au moment de la mise en terre, un rayon de soleil a traversé les nuages. Ma mère partait, c'était fini. Jusque-là, nous étions un Tout. Nous avions toujours été deux, et voilà qu'elle partait. Il n'y avait plus que moi. Je devais faire un choix : quitter ce monde à mon tour afin de me libérer de cette douleur ou affronter la réalité sans savoir si j'allais pouvoir un jour m'en remettre. J'ai choisi de vivre. Une flamme continuait à brûler au fond de moi, à me tenir debout. Malgré la douleur, la peur et l'angoisse, une puissante énergie m'aidait à avancer. Je la nommerais « foi », d'autres la nommeraient « volonté », chacun peut la définir selon ses croyances.

Une autre vie a commencé. Dans ce quotidien, dans cette solitude, les détails importaient peu. Je n'étais pas du tout organisée, je devais apprendre seule à penser à tout, comme une adulte. Dans un état second, je fonctionnais par automatismes. J'avais mis de côté la petite fille triste qui était en moi, je l'abandonnais alors qu'elle souffrait. Je la faisais taire car je n'avais pas le temps de l'écouter. J'étais trop occupée à survivre, à tenter de sortir la tête de l'eau.

Le juge pour enfants m'avait accordé la majorité anticipée. À 16 ans, j'avais les droits et devoirs d'une adulte. Une aide sociale de 634 euros était versée chaque mois sur mon compte en banque. J'ai emménagé dans une chambre d'étudiant de 20 mètres carrés pour 350 euros par mois. J'ai rapporté des casseroles et la table à repasser de ma mère. Ce n'était pas très grand mais c'était mon lieu de vie pour commencer autre chose et apprivoiser le vide de son absence. Je me souviens de l'odeur des toasts au saumon et du gâteau à l'ananas que je cuisinais comme le faisait ma mère. L'odeur de ce gâteau me réconfortait, la faisait revivre, me rappelait le cocon dans lequel j'avais grandi jusque-là.

J'ai continué à parler de ma mère au présent. Elle était ainsi un peu avec moi et je n'avais pas à subir les interrogatoires, à évoquer sa mort. Il arrivait que l'intensité de ma tristesse me dévaste. Je me réfugiais alors dans les églises où ma mère m'emmenait chaque dimanche, pour que personne ne me voie, pour ne pas soutenir les regards, ne pas entendre les mots souvent mal choisis pour me réconforter. Être là, c'était recréer un lien avec elle, la retrouver un peu. Le reste du temps, j'avançais coûte que coûte, en construisant de nouvelles bases, de nouvelles fondations.

Je tâtonnais, je n'étais pas armée pour savoir comment devenir plus solide et plus stable. Je me suis appuyée sur différents matériaux pour bâtir mes propres piliers, un mélange de douleur et d'amour – celui de mon petit ami de l'époque, de sa famille, de mes amis –, d'instants de joie dérobés à la volée et d'une foi inaltérable en la vie. La construction tenait tant bien que mal mais les années passant, j'allais me rendre compte que cette perte était à l'origine d'une profonde blessure d'abandon. Ma mère était partie au moment où je pensais avoir le plus besoin d'elle, de son amour, de sa confiance et de ses conseils.

Mon premier amour était parti au moment où en naissait un autre. Celui pour mon premier petit ami. Ma mère m'avait confiée à un garçon et à sa famille qui ont su me couvrir d'affection et offrir un refuge à ma détresse, un cocon où panser mes blessures et reprendre mon souffle. Je voue encore une profonde gratitude à cette famille qui m'a accueillie à bras ouverts.

« Tout va te paraître dérisoire,
mais n'abandonne rien.
Ne cède rien au désespoir !
Utilise tes rêves.
Et même s'ils sont cassés, recolle-les !
Un rêve brisé bien recollé peut devenir encore plus beau et solide. »

Mathias Malzieu,
Maintenant qu'il fait tout le temps nuit sur toi, Flammarion, 2005.

Nous avons tous nos blessures, nos failles, nos peurs, nos histoires. Notre vision de la vie est teintée par ces filtres aux couleurs variant selon les individus. Il nous appartient de choisir de nous libérer des fardeaux qui nous empêchent de vivre plus sereinement. La quête de cette autre réalité est une initiation passionnante qui demande du courage, de la volonté. L'élan vers cette quête peut advenir spontanément ou suite à un traumatisme, à un choc brutal. On peut être fort face à une situation difficile, se reconstruire et pourtant, un jour, un événement rouvre les plaies mal refermées.

LE CHEMIN

*« Nous passons tous, sans cesse,
par des seuils initiatiques.
Chaque accident, chaque incident,
chaque joie et chaque souffrance est
une initiation. Et la lecture d'un beau
livre, la vue d'un grand paysage
peuvent l'être aussi. »*

Marguerite Yourcenar

Une quête peut transmuter en apaisement les intenses souffrances liées à la méconnaissance de soi et conduire à la prise de conscience de soi. Suivre cette voie du cœur n'est pas toujours simple, je ne vous mentirai pas. Certaines épreuves sont difficiles à franchir, elles demandent de fouiller au plus profond de nous, dans nos entrailles, nos souvenirs, de plonger dans nos blessures pour les soigner, de comprendre, de prendre à bras-le-corps ce que nous sommes, entièrement, le bon et le moins bon, pour avancer plus sereinement. C'est le chemin vers un meilleur équilibre. Parfois, on peut croire qu'il n'y a plus d'espoir ou, au contraire, que l'on a enfin tout compris. Dans un cas comme dans l'autre, ce n'est pas la réalité. Il existe toujours un espoir et nous n'avons jamais tout compris.

Suivez, vous aussi, cette étoile. Quoi qu'il arrive, elle vous guidera.

« Rêver un impossible rêve
Porter le chagrin des départs
Brûler d'une possible fièvre
Partir où personne ne part

Aimer jusqu'à la déchirure
Aimer, même trop, même mal
Tenter,
sans force et sans armure
D'atteindre l'inaccessible
étoile. »

Jacques Brel,
« La Quête », album *L'Homme de la Mancha*, 1968.

Les sombres traversées, tout autant que les moments éclairant nos pas, constituent notre vie. Sur ce chemin, au fil du temps, des apprentissages et des expériences, les ombres s'atténuent, les lumières adoucissent les gris, nuancent les émotions et apaisent le mental. Alors l'âme brille, encore et encore. Croyez-moi, j'ai traversé des sentiments proches des vôtres. J'ai fait face au vide qui troue le ventre et vous aspire, à une profonde solitude qui semble être la fin de tout, à la violence du rejet et du jugement, aux saignements abondants de la plaie qu'est ma blessure d'abandon, à la croyance tenace dans le fait que les tentatives pour tout contrôler allaient me sauvegarder, au désespoir consécutif à une rupture amoureuse… Dans ces moments, n'oubliez pas ceci :

« La seule chose qui ne changera jamais, c'est que tout change tout le temps. »

Yi Jing,
Le Livre des changements.

Viendra un jour où le déclic arrivera. Une prise de conscience, quelque chose qui aura changé en vous, comme une lumière faite sur vos schémas de fonctionnement. Vous vous demanderez pourquoi vous les reproduisez, vous chercherez à en connaître les origines parce qu'il ne vous sera plus supportable d'endurer encore et encore votre souffrance émotionnelle. Parfois, la vie nous pousse à aller en ce sens et ne nous laisse plus le choix. Alors commence le chemin vers l'intérieur. C'est ce qui m'est arrivé. Pour la personne très cérébrale que je suis, il était fondamental de comprendre. Et la compréhension a su me libérer du poids de la culpabilité. Ainsi affranchie, j'ai pu commencer à remplir ma coupe avec soin et, cette fois-ci, en conscience.

« La solitude est une tempête de silence qui arrache toutes nos branches mortes. Pourtant, elle implante nos racines dans les profondeurs du cœur vivant de la terre vivante. »

Khalil Gibran,
L'Œil du prophète, Albin Michel, 1991.

FACE AU VIDE

Vide : qui n'a pas quelque chose, qui en est dépourvu ; qui est sans intérêt, sans valeur, sans signification.
Étymologie : du latin *vuide :* qui ne contient aucun objet perceptible à la vue, aucun corps solide ou liquide.
Ma perception : le vide est associé à une profonde sensation d'isolement et de solitude, y compris lorsque l'autre est présent. C'est une dissociation forte du Tout, comme si nous devenions un être insignifiant, perdu au milieu d'une tempête émotionnelle.

Lors de ma première rupture amoureuse après sept ans de relation, mon univers a volé en éclats. Il souhaitait partir en Afrique, réaliser ses rêves. Après avoir été élue Miss Belgique, je traçais ma voie. Nos chemins n'étaient plus les mêmes. Mon désir de me réaliser était le plus fort. Est-ce que je tiens cela de mes ancêtres ? Peut-être. De nombreux Cap-Verdiens ont connu ce tiraillement : quitter ses terres pour aller vers un meilleur avenir, un pays où l'on trouvera plus facilement du travail, où l'on aura un meilleur salaire, où l'on n'est pas en guerre.

C'est difficile, c'est un déracinement, mais l'on ne peut pas faire autrement. Faire ce choix a toujours un prix.

J'avais, chevillée au corps, la quête de ce bonheur, la volonté farouche d'aller vers mes aspirations. Elle était la plus forte et elle a eu raison de ma relation avec lui. Avec cette rupture, je perdais presque tout. Sa famille et lui comblaient un vide, faisaient paravent au deuil, m'apaisaient. Pourtant, me réaliser était plus important que tout. La décision était prise.

La force de mes convictions n'a pas pour autant fait taire la souffrance qu'a causée cette séparation. Tout s'est écroulé comme un château de cartes. La douleur hurlait si fort que je pensais ne jamais m'en remettre. J'avais tellement besoin de cet homme. Il avait été mon phare depuis le décès de ma mère, je l'admirais, et il me protégeait. Cette séparation m'a reconnectée à la profonde sensation de vide dans laquelle j'avais été violemment plongée quelques années auparavant.

Quand ma mère est décédée, j'aurais voulu que la Terre arrête de tourner, pouvoir respirer, me déverser, pleurer. J'avais besoin de créer de l'espace pour ce moment de vie si douloureux, de ne pas être obligée de l'occulter en continuant à répondre aux devoirs du quotidien. Chaque peuple a des croyances et des rites différents concernant la mort. Dans la culture amérindienne des Navajos, après un décès, la population se soumet à un jeûne de quelques jours pour se consacrer à la méditation. Je crois qu'à chaque deuil, on devrait nous accorder un moment pour soi où les regards ne comptent plus, une plage de recueillement pour intégrer l'idée qu'une page se tourne.

Les sensations à la suite du décès de ma mère, puis à celle de la rupture avec mon copain étaient semblables. Une violente tornade avait tout emporté sur son passage, j'étais face au désert. Tout ce qui constituait mon monde, toutes les graines qui avaient commencé à germer avaient été balayées par le souffle du vent. Tout était devenu sec, sans vie, minéral. J'avais perdu tous mes repères, à perte de vue, à l'infini. J'étais dans un état de désolation intérieure, manquant totalement de joie et d'espoir. J'avais le sentiment d'être seule au monde, inconsolable.

Un épuisement général m'abattait. Aucun mot, aucun geste ne pouvait faire disparaître ou calmer ma douleur. Ma profonde blessure d'abandon était à nouveau ouverte. J'étais coupée de la beauté du monde. J'étais perdue. Je pensais ne plus pouvoir jamais arriver à rien. Je manquais de nourriture affective. Qui pouvait me la donner si ce n'est moi ? J'ai réalisé que ma terre était brûlée, mon terrain aride. Mon sol était pauvre et sec. Mais les terres pauvres ne sont pas vouées à être incultes. Il fallait que je rende ce sol fertile pour qu'il devienne un jour fort et luxuriant, qu'il résiste à n'importe quelle saison, aux bourrasques de vent, aux pluies torrentielles, aux brûlures du soleil et aux vents. Pour cela, c'était à moi de le nourrir et de semer les graines.

Quand on perd une personne que l'on aime, elle disparaît de notre quotidien et notre monde se dérobe sous nos pieds. Plongé dans le chagrin, on doit réapprendre à avancer sans elle et accepter qu'elle ne revienne pas. La première chose que vous devez faire après avoir reconnu cet état d'être, c'est de commencer à vous reconnecter avec vos émotions, comprendre l'origine de ce vide, penser à ce qui le remplira et qui vient de vous.

C'est en 2008 que mon père est décédé à son tour. C'était un mercredi, je marchais dans la rue lorsque mon téléphone a sonné. C'était mon grand frère. Il m'a demandé de m'asseoir, il avait une mauvaise nouvelle : « Papa est mort. » Le corps émotionnel a une mémoire. Le mien, à cette annonce, a reconnu la douleur. Les larmes ont coulé, celles que mon mécanisme de protection n'avait pu contenir. Très vite, j'ai repris le dessus et rejoint mes plus jeunes frères, leur mère et mon neveu afin de décider de la date du départ pour l'enterrement, qui aurait lieu au Cap-Vert. Le vendredi, nous prenions tous l'avion pour la mise en terre le samedi.

Dans les pays chauds, on ne tarde pas à enterrer les corps car ils se dégradent rapidement. Avant, nous veillons les morts. Lorsque j'ai vu mon père, j'ai été frappée par l'apaisement qui émanait de son visage. Il semblait avoir trouvé une seconde jeunesse. Beaucoup de monde est venu le veiller, honorer sa mémoire. Les deux derniers présidents de la République du Cap-Vert étaient là, eux aussi. Lors de la messe, mon neveu, qui avait grandi avec mon père, a fait un émouvant discours. L'émotion qu'il a suscitée m'accompagne encore.

Il est parti sans crier gare, sans avoir jamais eu aucun problème de santé ni même consulté un médecin. C'était un homme avec une bonne hygiène de vie, on pensait qu'il vivrait vieux. Je l'ai cru éternel et, comme pour ma mère, je n'ai pas vu sa mort venir. Le destin me prenait à nouveau par surprise. J'étais comme anesthésiée face à la perte d'un être aussi important.

Son absence ne s'est pas fait ressentir les premiers mois ni les premières années. De son vivant, sa présence, sa place, son importance ne se matérialisaient pas par des appels réguliers mais par nos retrouvailles annuelles. Il a été difficile de réaliser l'impact de son départ et de définir la sensation de vide qu'il avait laissée. Et pourtant, très profondément en moi, j'allais découvrir des années plus tard tous les manques qui s'étaient installés.

La place d'un père dans la vie d'une fille détermine son rapport aux hommes. En tant que femme, je prendrais conscience plus tard des conséquences de sa disparition. Elles furent assez pernicieuses. Mon père n'avait pas été présent au quotidien. Son importance dans ma vie est incontestable mais abstraite. L'une de mes ailes avait été coupée avec le décès de ma mère, et je perdais la deuxième avec celui de mon père. Quel vide laissait-il puisqu'il avait été absent ? C'était un vide fantôme, impalpable, invisible mais bel et bien présent. Des années après son décès, c'est en écrivant une lettre à mon père que j'ai donné corps à ce vide. Cette lettre a pu faire exister le manque qu'a occasionné son départ.

« La place d'un père dans la vie d'une fille détermine son rapport aux hommes. En tant que femme, je prendrais conscience plus tard des conséquences de sa disparition. »

LETTRE À MON PÈRE

Cher Papa,

C'est depuis Biarritz, en regardant l'océan et en écoutant By your side *de Sade, que j'ai envie de t'écrire. Tellement d'années se sont écoulées depuis ton départ définitif et si soudain. De ton vivant, nous n'avons pas eu beaucoup l'occasion d'échanger. J'étais trop jeune, trop têtue, trop pudique. La mort de Maman m'a préservée de la douleur que la tienne a déclenchée. J'étais comme anesthésiée, mon corps pleurait, mon âme se préservait. Aujourd'hui, je ne cherche plus à me protéger de cette douleur qui, je le sais, fait partie du processus.*

Près de douze ans ont passé et la douleur est toujours aussi vive.
La différence entre hier et aujourd'hui, c'est que je n'ai plus besoin de cette armure que j'ai portée. Je n'ai plus peur de ressentir. Et, à mon âge, ton absence se fait plus lourde à porter. En réalité, aujourd'hui, ton absence n'a jamais été aussi palpable.
Les quelques années avant ta mort, je me préoccupais beaucoup de toi.
Je ne savais comment t'aider et cela me stressait. Ton départ a transformé mon stress en l'immense tristesse d'avoir perdu un être aussi cher. J'ai eu l'impression que l'on était passés à côté l'un de l'autre. Toi n'ayant pu voir mon évolution, mes combats, mes désespoirs, mes victoires, et moi n'ayant pu m'inspirer des tiens.
Je suis une femme à qui tu manques terriblement, qui te cherche dans chaque homme qu'elle côtoie. Je suis une femme qui se construit sans ta présence, sans ta protection, sans tes conseils, sans ton expérience. Je suis une petite fille inconsolable qui te cherche dans les rêves et dans les souvenirs.

J'aurais aimé qu'on puisse échanger sur la vie, sur le monde qui se perd, sur mes choix. J'aurais aimé avoir tes lumières quant au sens de la vie.
Je m'accroche aux quelques souvenirs de lettres, à l'image de toi sifflant comme un oiseau pour attirer mon attention, à ta désapprobation concernant ma participation au concours de Miss Belgique et à ta fierté lors de ma victoire.

Si tu étais là aujourd'hui, nous nous retrouverions dans une longue étreinte, de celles où l'on transmet un tas d'émotions sans dire de mots, ces mots que tu avais tant de mal à exprimer alors que tu n'en pensais pas moins. Ensuite, je te poserais tellement de questions qui restent en suspens. Puis viendrait le moment où je te confierais mes peurs pour que tu les dissipes. Tu m'expliquerais comment les énergies fonctionnent, me proposerais de diffuser ma lumière pour dissoudre les nœuds énergétiques. On cuisinerait ensemble, tu mangerais en mastiquant lentement et moi trop vite selon toi. Un sentiment de plénitude m'envahirait et mon cœur serait complètement ouvert. Je te dirais enfin de vive voix ce que je n'ai jamais dit : « Je t'aime, Papa, tellement. Maman et toi avez été les meilleurs parents possibles, non pas parce que vous étiez parfaits mais parce que vous m'avez donné tous les outils dont j'avais besoin pour apprendre mes leçons. »
Enfin, le moment viendrait où l'on devrait se quitter à nouveau et, aujourd'hui, c'est un déchirement conscient. Ces dernières années, mes barrières se sont écroulées une à une, je suis sans protection et je sais ce que ce départ implique. Je ne peux pas me résoudre à te laisser partir. Mais toi, tu sais qu'il le faut.
Alors je m'accroche à toi comme lorsque j'avais 4 ans, que tu devais me déposer chez Maman et que je souhaitais rester avec toi. Je m'accroche et je pleure en espérant que tu comprennes à quel point cette séparation est déchirante pour moi, mais toi, tu sais que le moment est venu. Tu me serres fort dans tes bras, puis tu pars. Tu pars et je sais que je ne te reverrai plus…
Aujourd'hui, la seule différence avec le 22 mai 2008, c'est que je sais que tu n'es pas loin. Le jour viendra où je partirai moi aussi. Alors nous nous reverrons, et nous aurons l'éternité pour nous retrouver.

Merci d'être mon père, je suis honorée d'être ta fille.

P.-S. : Mes deux ailes repoussent lentement mais sûrement.

« L'heure la plus sombre est celle qui vient juste avant le lever du soleil. »

Paulo Coelho,
L'Alchimiste, J'ai lu, 2001.

ÊTRE (IL)LÉGITIME

(Il)légitime : caractère de ce qui ce qui est (in)fondé.
Étymologie : du latin *legitimus* : fixé par les lois, conforme aux règles.
Ma perception : un fort sentiment de rejet quoi qu'on réalise, quelles que soient les étoiles que l'on décroche.
Légitime : se sentir illégitime, puis légitime revient à chercher sa place, à la trouver et à l'accueillir.

En 2004, j'ai eu envie de m'inscrire à l'élection de Miss Belgique après l'avoir regardée à la télévision. Alors âgée de 19 ans, je recherchais des opportunités professionnelles. Je pensais y participer pour trouver des débouchés. Je n'envisageais pas la victoire, encore moins ses conséquences. J'ai donc envoyé quelques photos sur lesquelles je me trouvais jolie.

J'ai été acceptée pour une présélection relative à l'élection de Miss Bruxelles. Je m'y suis rendue seule. Nous étions plusieurs jeunes filles à nous présenter. Nous devions prendre la parole et défiler en bikini. Je n'étais pas très à l'aise pour défiler mais je l'ai fait. Ce premier tour me qualifiait pour l'élection de Miss Belgique, à l'hôtel Astoria. C'était une soirée magique. Le podium était entouré de tables rondes couvertes d'une nappe blanche. Un magnifique lustre en cristal nous éclairait. On se serait crues dans un film. Ce soir-là, j'ai reçu le prix des

Italiens et me suis classée comme première dauphine. Cette place me donnait accès à un deuxième tour où certaines dauphines pouvaient rejoindre les 11 candidates déjà assurées de prendre part au concours national.

La jeune femme choisie pour devenir Miss Bruxelles était magnifique. Élancée, blonde, gentille et intelligente. Sa place était méritée. Lors du deuxième tour, la Miss a renoncé. J'avais donc accès au titre. J'étais à la fois heureuse et perturbée : est-ce que je méritais cette place ?

L'aventure commença. Très vite, mon franc-parler dérangea certaines d'entre nous. J'avais 19 ans, beaucoup de certitudes, et je me protégeais. Tout cela pouvait me rendre antipathique. Le soir de l'élection, mes frères, mes amis, mon petit copain étaient là, tout en haut de l'amphithéâtre, au milieu de 2 000 personnes. Avant que la soirée ne commence, il y avait une interview avec les membres du jury. J'y suis allée sans maquillage. Le jury m'a demandé pourquoi je ne m'étais pas apprêtée : j'allais l'être toute la soirée, donc c'était pour eux l'occasion de me voir sous un autre jour, sans artifices.

La soirée a commencé, le rideau s'est ouvert, le rêve de princesse a débuté. Je me souviendrais plus tard de cette photo de Miss Belgique 1987 qui trônait sur la cheminée, chez ma mère et moi. Un joli signe... La soirée avançait, et je faisais partie des dix dernières. Nous devions parler de quelque chose qui nous caractérisait comme, par exemple, une passion. Je suis arrivée en robe de princesse créée par une styliste marocaine pour parler de la diversité culturelle, une diversité qui me caractérise aussi. À l'époque l'extrême droite gagnait du terrain. Je suis arrivée dans le top 5, puis en tête de liste après le vote du jury. J'étais aux anges. Moi qui n'avais pas eu l'ambition d'aller très loin lors de mon inscription, je commençais à toucher de près ce qui m'avait semblé inaccessible.

Le processus de mon élection fut sensiblement différent des autres années. Les candidates non retenues votaient aussi, selon différents critères (beauté, gentillesse, etc.). À chaque question, elles ne m'avaient classée qu'en avant-dernière ou dernière position. Peu à peu, mon rêve s'éloignait. Le coup de massue tomba lorsque le nouveau classement fut annoncé. J'étais redescendue en quatrième position. En me présentant à l'élection de Miss Belgique, il était évident que j'allais faire face au jugement et, parfois, à l'injustice. Tout le monde avait un avis sur moi. Certains propos étaient injustes et me mettaient en colère. La fin de la soirée approchait, les centres d'appels allaient fermer. Le public votait aussi. Nous sommes cinq filles vêtues de la même robe. Seules les couleurs varient. Je suis en orange. Je suis l'unique francophone. L'annonce des résultats commence :

— La deuxième dauphine est Barbara Steenman.

Je suis soulagée et, en même temps, j'ai l'estomac noué : quel sera mon classement ? Quatrième, cinquième ou sixième ?

— La première dauphine est Debby Dewaele.

L'étau se resserre. Le rêve me semble désormais inaccessible.

— La Miss Belgique 2005 est… Tatiana Silva.

Tout le monde se lève pour m'applaudir. Je suis en larmes, je n'en reviens pas. J'ai une pensée pour ma mère. J'aurais tellement aimé qu'elle soit là. Je finis par réussir à contenir mes larmes. Je vis un rêve éveillé.

J'ai vécu cette année de Miss comme si j'étais Cendrillon : une fille ordinaire de jour, une princesse la nuit. Les difficultés financières ne m'épargnaient pas car je n'avais pas de salaire. Les représentations étaient néanmoins nombreuses. C'était une situation très délicate. J'ai voyagé vers une dizaine de destinations. Je faisais souvent la une des magazines. Je suis passée d'inconnue à connue. J'ai découvert la blessure de l'injustice face aux critiques sans fondement que faisaient les gens sur les blogs.

Mes remparts de protection se sont renforcés lors de cette année. J'ai appris à mettre de la distance entre l'autre et moi pour me protéger, être au-dessus des nuages pour ne pas subir les pluies acides des regards posés sur moi. Cette année-là a vraiment donné une direction à ma vie. Je me rends compte aujourd'hui que c'était l'un des plus beaux cadeaux de l'Univers, même si le chemin fut difficile.

En devenant Miss Belgique, je pensais que mon avenir était tout tracé. En réalité, de grands défis, de grandes désillusions m'attendaient. De belles surprises aussi. Mon ascension ne fut pas vertigineuse. Je payais cher la volonté de vivre une opportunité unique qui n'avait pas été taillée pour une fille avec mon histoire, avec mes difficultés. Lorsque j'ai participé au concours, c'était pour trouver une perspective d'avenir. Ce choix m'a ouvert beaucoup de portes, jusqu'à celle de TF1. Mais pendant dix ans, j'ai rarement eu le sentiment d'être à ma place.

D'un côté, je regrettais de ne pas avoir fait d'études universitaires, et d'un autre de ne pas avoir de passion. Ma curiosité m'a toujours permis de sauver les apparences mais ne m'a jamais donné de bases solides. Je comprendrais plus tard que cela peut s'acquérir avec le temps, que la vie est une école. Mais avant de le comprendre, le titre de Miss et l'absence de formation ont développé en moi un syndrome de l'imposteur que j'ai porté pendant très longtemps.

« Ce choix m'a ouvert beaucoup de portes, jusqu'à celle de TF1. Mais pendant dix ans, j'ai rarement eu le sentiment d'être à ma place. »

Assaillie de doutes, je craignais d'être démasquée. On allait découvrir un jour que j'errais, dépourvue des valeurs que l'on attendait de moi. C'était une croyance qui me faisait peur. Je me dévalorisais. On peut mentir aux autres mais pas à soi-même. Mon extrême exigence vis-à-vis de moi-même a renforcé ce sentiment. Les Miss ont souvent été réduites à de belles plantes. J'ai dû lutter à la fois contre cette projection et mes propres démons. Je devais prouver que j'avais des compétences, que je n'étais pas seulement mon apparence, héritage de mes parents. Je devais montrer qui j'étais. Je luttais contre ce qui m'avait pourtant permis de m'en sortir.

La vie est parfois ironique : je participe à un concours en utilisant un atout physique pour avoir des opportunités et je gagne, mais je dois ensuite lutter contre ce qui m'a ouvert les portes. Durant de longues années, j'ai eu l'impression d'être étriquée. Je luttais pour exister en dehors de la coquille qu'était ce magnifique costume. Un combat d'autant plus difficile que je n'avais aucune passion particulière, aucun domaine que je souhaitais explorer plus qu'un autre mais une multitude de sujets qui m'intéressaient.

En grandissant, j'avais eu peu de temps pour explorer qui j'étais, j'étais trop occupée à essayer de survivre financièrement et émotionnellement. Même en étant plus tard aux commandes de la météo durant trois ans pour trois chaînes de télévision différentes, je portais ce syndrome d'imposture, j'avais toujours l'impression de ne pas mériter ma place ou de ne pas être à ma place : j'étais une fille sans qualification, avec pour seul diplôme une couronne. Je travaillais au service météo pour une chaîne publique dont la plupart des employés étaient qualifiés. Mon parcours était atypique, ne rentrait dans aucune case. Ce n'était rassurant pour personne, à commencer par moi.

Le temps et mon parcours ont un peu apaisé mon manque de confiance en moi, une confiance vacillante souvent ébranlée par le regard et le jugement des autres. C'est comme si j'essayais de cicatriser indéfiniment une plaie. J'avais beau essayer, je n'arrivais pas à me défaire de ce syndrome. C'est mon embauche chez TF1 qui a guéri une bonne partie de cette blessure. L'engagement au sein de la plus grande chaîne francophone d'Europe a presque fait disparaître ce syndrome d'imposture. Je me sentais enfin reconnue, la plus importante reconnaissance étant vis-à-vis de moi. Ce poste est venu réparer ce sentiment d'illégitimité. Intégrer un service aussi prestigieux que celui de la météo sur TF1 a validé mon expérience dans le domaine. C'était comme si j'avais reçu une équivalence de diplôme : mes compétences venaient d'être validées, un cadeau du ciel. Aucune thérapie n'aurait pu guérir cette blessure en si peu de temps.

Mais les habitudes sont tenaces. Aujourd'hui, il m'arrive encore de ne pas me sentir à la hauteur. Chaque jour, j'accepte le fait que mon parcours soit différent. Avoir un parcours atypique, sortir des sentiers battus, ouvrir de nouvelles voies, aller vers l'inconnu, voilà qui représente des difficultés, surtout lorsque personne ne vous sert de repère. Alors seul le temps vous donne raison et confiance.

Il m'a fallu longtemps pour comprendre que ce syndrome de l'imposteur et ce manque de confiance étaient liés à des blessures primaires, dont celle de l'abandon et du rejet. Ces deux blessures constituent la racine du mal-être chez de nombreuses personnes.

L'abandon est ma peur la plus forte, du fait de mon histoire. Dans toutes mes relations, la guérison de cette blessure fut un véritable défi. Cette plaie a été ouverte à maintes reprises. Un jour, je devais avoir moins de 10 ans, ma mère souhaitait me laisser chez un membre de la famille et partir dormir chez une tante. Une peur irrationnelle s'est emparée de moi, j'ai été prise par l'angoisse de me retrouver sans elle. C'était comme le réveil d'une peur primaire, quelque chose d'instinctif. J'avais besoin que ma mère reste avec moi pour calmer cette peur injustifiée.

« L'abandon est ma peur la plus forte, du fait de mon histoire. »

Lorsque je me suis fait opérer des amygdales, ma mère m'a déposée à l'hôpital avant l'opération. Elle m'a laissée dans une pièce remplie de jouets, pour me distraire. Puis elle est partie, elle m'a laissée là. J'imagine qu'elle devait partir travailler, qu'elle n'avait pas d'autre choix. Je me souviens de l'avoir suppliée de toutes mes forces pour qu'elle ne parte pas. Je l'écris aujourd'hui et je ressens encore toute la tristesse de cette petite fille que j'étais. Je pleurais tellement fort, je pensais qu'elle ne reviendrait jamais. J'étais terrorisée par cette idée. La pièce était à l'étage. Je l'ai regardée s'éloigner par la fenêtre. J'avais le cœur serré, je ressentais une énorme pression dans ma petite poitrine d'enfant. J'étais persuadée que je la voyais pour la dernière fois. Une profonde solitude s'est installée dans mon cœur. La dame qui me surveillait essayait de m'occuper avec toutes sortes de jouets mais j'étais submergée par la peur, inconsolable.

En grandissant, ma peur est devenue moins primaire, plus subtile, plus difficile à déceler. Dans les relations amicales, quand notre amitié devenait secondaire, souvent lorsque mes amies se mettaient en couple, je me sentais à nouveau abandonnée. L'ordre de leurs priorités avait changé et cela ravivait ma blessure d'abandon, installant un vide dans ma vie. Alors, pour me protéger, je prenais moi-même mes distances afin que ce sentiment ne s'accentue pas à chaque déception, c'était mon mécanisme de défense, je ne savais pas comment faire autrement. À l'époque, je n'étais pas consciente de mes blessures, donc je les subissais.

C'est durant ces épreuves que j'ai compris que l'amour inconditionnel était en grande partie vertical et non horizontal. Pour moi, nos parents sont la source de cet amour vertical, tout comme nos enfants, tandis que l'amour des amis, des frères, des tantes et autres n'a pas vocation à devenir inconditionnel. Si c'est parfois le cas, cela demeure plus rare car souvent ces personnes finissent par fonder leur propre famille, qui deviendra alors prioritaire.

Ayant perdu ceux qui incarnaient mon amour vertical, mes parents, je recherchais ces références partout, dans des relations qui n'avaient pas à combler ce manque. Le lien avec nos parents et, à notre tour, vis-à-vis de nos enfants est immuable. J'ai eu tendance à espérer le retrouver chez mes amis, mes petits copains. J'étais dans l'attente d'un amour inconditionnel que ces personnes ne pouvaient pas me donner : elles n'avaient pas à prendre cette lourde responsabilité.

À l'époque, je cherchais à panser mes plaies, à limiter les dégâts, et la seule technique de protection que je connaissais, c'était d'arrêter toute relation avant que l'autre ne m'abandonne. Je ne sauvais pas mon honneur mais j'essayais de me sauver, de préserver la petite fille de coups inutiles. L'avoir compris a assaini mon rapport à autrui ainsi que mes attentes.

En amour, la souche était la même mais le mécanisme différent : j'avais besoin d'être rassurée, que l'autre ne m'abandonne pas ; or, il est difficile de calmer un ressenti qui est abstrait et étranger pour l'autre, encore plus quand ce dernier n'en est pas responsable. La présence de l'autre nous permet aussi de prendre conscience des blessures que l'on porte, il en est le miroir révélateur. Le chemin que j'ai parcouru pour comprendre et soigner mes blessures m'a permis de déceler mes peurs et de les apprivoiser jusqu'à ce que certaines disparaissent.

Certaines blessures ont été soignées grâce au temps, aux réponses qu'il nous apporte. Parfois, certaines blessures cicatrisent lorsque le temps a fait son effet, créant suffisamment d'espace et de distance pour que la douleur, l'ego, les regrets se taisent et laissent place aux murmures du cœur. Ainsi, j'ai eu un magnifique échange avec un ancien compagnon concernant notre relation et notre séparation. Les mots échangés ont agi comme un baume au cœur, ils ont dissipé les présomptions, les suppositions, et modifié les souvenirs que ma mémoire avait sélectionnés à sa guise, remettant tout à sa juste place. De tels moments sont de précieux cadeaux car ils nous font avancer à grands pas émotionnellement. Une relation implique bien plus que deux personnes. En renonçant à son individualité, on accueille l'histoire, les douleurs, les peurs, les victoires, mais aussi l'environnement familial, amical, psychologique et émotionnel de l'autre. C'est une danse que l'on commence à deux mais qui continue à plusieurs.

En repensant à l'échange avec cet homme, je suis émue. Par moments, je doute encore de mériter autant d'amour. Cette base est encore fragile, friable. Ce qui m'a le plus émue, c'est de constater que j'ai toujours rencontré des hommes bien, même s'ils m'ont blessée sans le vouloir. Les mots de cet homme ont rétabli une forme de légitimité, ont ancré en moi le fait de me sentir aimable. Je me suis sentie accueillie, considérée.

Car, je le disais, ma blessure d'abandon est aggravée par celle du rejet qui fait parfois naître l'idée que je ne vaux pas la peine d'être aimée, que je

« Ce ressenti est peut-être né à l'école primaire. J'étais amoureuse d'un garçon qui n'était pas amoureux de moi. »

ne suis pas assez bien. Elle ébranle ma confiance en moi, renforce mon sentiment d'imposture, mon regret de ne pas avoir fait d'études. Le rejet crée une remise en question de l'être que je suis et insuffle le doute dans le peu de certitudes que je suis parvenue à construire. Ce ressenti est peut-être né à l'école primaire. J'étais amoureuse d'un garçon qui n'était pas amoureux de moi. Une amourette qui, aujourd'hui, pourrait sembler anodine mais qui, à cet âge, avait une grande importance.

En 2010, lorsque j'ai participé à l'émission de télé-réalité belge *Expédition Robinson*, dont le principe est de survivre sur une île avec un groupe d'invités que l'on ne connaît pas, comme dans l'émission *Koh-Lanta*, ma blessure de rejet s'est ouverte. Lors des conseils de groupe, j'obtenais un maximum de votes contre moi et devais affronter lors d'une épreuve l'autre personne qui avait, elle aussi, eu de nombreux votes contre elle. Chaque semaine, je me sentais complètement rejetée alors que toutes ces personnes m'appréciaient personnellement. C'était une simple histoire de tactique, mais je prenais ces exclusions personnellement. Mon mental était incapable de comprendre, d'en rire, de jouer le jeu et d'avoir du recul. Je pleurais à l'abri des regards, je me sentais seule et incomprise. Je ne pouvais pas partager cette fragilité car le jeu ne le permettait pas. Face à l'adversaire que représentait chaque participant, il fallait être fort. S'évader était impossible car toute distraction était interdite. Je devais faire face à cette blessure qui s'ouvrait chaque jour un peu plus. Un soir, après un énième conseil, j'ai voulu jeter l'éponge.

J'étais à bout et mon mental cherchait un moyen de reprendre le contrôle. L'idée de pouvoir décider de mon sort est apparue comme LA solution. Moralement, j'étais épuisée, et je ne voyais pas l'intérêt de continuer cette aventure. Après un échange avec l'un des caméramans, je me suis résolue à attendre la fin du duel pour prendre ma décision. Le lendemain, j'ai gagné face au concurrent. Nous n'étions plus que quatre et partions ce jour-là pour l'épreuve des poteaux qui permettait à l'un d'entre nous d'accéder à la finale. C'est cette dernière épreuve qui m'a propulsée en finale. Contre toute attente, j'étais arrivée au bout du jeu.

Lorsque je me suis laissée tomber du poteau après l'avant-dernière personne, j'ai éclaté en pleurs.

C'étaient des larmes de joie, de gratitude et de reconnaissance. J'étais parvenue à aller au bout de cette aventure. J'avais rencontré mes limites mais aussi découvert pour la première fois ma résilience. Beaucoup me diront que j'aurais dû me rendre compte avant cela de ma force, du courage né de mon histoire. Là où les gens voyaient du courage, de la force face à la perte de ma mère, moi je vivais mon destin comme une norme car je ne connaissais pas d'autre chemin que celui sur lequel j'étais. Perdre un être aussi cher était extrêmement douloureux mais faisait partie d'une réalité parfaitement normale pour moi. C'est cette émission qui m'a permis d'être fière pour la première fois, de reconnaître ma force et ma détermination, mais aussi de me rendre compte que j'étais un outsider[1]. C'est le mot qui me caractérise le plus. Je suis là où l'on m'attend le moins.

Mes débuts à la télévision belge ont été une autre période de vie où j'ai pu explorer les contours du sentiment de rejet. Travailler pour une chaîne publique lorsqu'on gagne un concours de beauté diffusé par la chaîne privée concurrente et que, par-dessus tout, on n'a ni diplôme ni expérience de vie qui puisse justifier sa place a été un défi pour moi.

Le plus beau cadeau sur mon chemin, c'est d'avoir compris que ce qui me définissait en partie était mes pensées, mes paroles et mes actes, et non le jugement ou le regard des autres. Une fois cette leçon assimilée, je me suis apaisée, j'ai cessé de vouloir me défendre ou de m'insurger.

Petite, mes yeux brillaient lorsque j'attirais les compliments et la tendresse des adultes. Mais, lorsque je les décevais, la punition était très douloureuse. Je me souviens souvent d'une scène en particulier : c'était un Noël magique, je devais avoir 6 ou 7 ans. Toute la famille était réunie. Ma belle-sœur m'a grondée parce que je n'avais pas été polie. Je me suis sentie honteuse et rejetée. J'avais l'impression de ne plus appartenir au groupe, d'avoir été mise à l'écart alors que personne d'autre que ma belle-sœur et moi n'avait assisté à la scène. Ce souvenir laisse encore un goût âpre dans ma bouche.

Pour me protéger, j'ai volontairement créé une distance qui, souvent, a

1 Concurrent qui ne figure pas parmi les favoris, mais qui, cependant, pourrait gagner.

été prise pour de l'arrogance. C'était ma réponse à ces critiques gratuites dans lesquelles se noyaient les remarques constructives. J'avais édifié des remparts autour de moi. Avec le temps, j'ai démonté ces murs de protection, pierre après pierre, et construit des bases plus solides et plus saines, non pas pour encaisser les critiques infondées mais pour les déconstruire. J'ai aussi remarqué que les critiques étaient devenues plus rares car ma confiance en moi faisait un travail invisible. En effet, le respect que l'on pense mériter est étroitement lié au sentiment d'amour pour soi. Pour que je puisse prétendre au respect, à la dignité, encore faut-il que j'en fasse l'expérience envers moi. Difficile de garder de l'eau dans une jarre fissurée.

C'est un peu cela, l'histoire de mon enfance, une belle jarre remplie d'amour qui s'est fissurée à l'adolescence, empêchant de garder les réserves d'amour que ma mère et mon père y avaient soigneusement versées. Je n'ai pas pris le temps de la réparer. Elle s'est donc vidée au fil du temps et j'ai essayé, à mon tour, de la remplir. Comme cette étape dépendait essentiellement des autres, je perdais le contrôle mais surtout, je perdais ma souveraineté, mon indépendance face à mon équilibre émotionnel.

C'est une rupture amoureuse qui a servi de déclic. Cette prise de conscience m'a demandé du temps. J'ai appris à m'honorer en faisant des choix par amour pour moi et non pour faire taire mes peurs, à me choisir plutôt que de vivre au travers des désirs de l'autre. Comment voulez-vous que l'autre vous choisisse si vous-même, vous ne vous choisissez pas ?

« Pour guérir ces blessures, j'ai appris à reconsidérer les événements douloureux sous un autre angle, à reconstruire l'estime de moi, à sortir de la dépendance affective pour exister ailleurs que dans le regard d'autrui, à changer mes croyances, à écouter mes besoins et à trouver comment les satisfaire. »

LE CONTRÔLE

Contrôle : maîtrise, domination (émotions).
Étymologie : du moyen français *contrerole :* vérification, inspection.
Ma perception : mécanisme de protection rassurant face à l'inconnu, mis en place afin de ne pas perdre pied, de ne pas être blessé, de ne pas s'effondrer.

Durant de nombreuses années, j'ai regardé l'émission de télé-réalité *Danse avec les stars* en rêvant d'y participer. Je me projetais sur la piste de danse, vêtue de robes à franges et à paillettes, comme une princesse. Je m'imaginais pratiquer différentes danses de salon avec un partenaire. Ce rêve me paraissait inaccessible mais j'adorais danser.

Quelques mois après être arrivée chez TF1, on m'a proposé de participer à l'émission. J'ai très vite compris que cette expérience allait me donner l'opportunité d'affronter certains de mes blocages. Cette intuition s'est révélée juste. Dès les premières heures d'entraînement avec Christophe Licata, j'ai compris qu'au-delà du fait d'être en compétition avec d'autres couples et de faire face à des jurés exigeants, j'allais surtout être confrontée au plus intransigeant des juges : moi.

Les répétitions se passaient toujours dans la bonne humeur. Chris est un professeur hors pair. Mais quand on regardait les vidéos des répétitions, j'étais très souvent déçue, insatisfaite. C'était difficile pour lui de me rassurer. Il trouvait que j'avais raison de m'attarder sur les détails techniques mais que je ne prenais pas en compte le fait d'être une débutante.

Le jour de la première émission en direct, j'étais plutôt détendue jusqu'au moment où notre tour de danser est arrivé. En quelques minutes, une monstrueuse angoisse m'a prise au ventre, j'étais tétanisée à l'idée de danser en direct, sans filet, devant des millions de téléspectateurs. J'ai vécu cette première danse dans la douleur. J'étais complètement paniquée à l'idée de me vautrer, d'oublier ma chorégraphie. Mon corps tremblait, j'avais peur de m'arrêter là, en plein milieu d'une danse, ne sachant plus la suite. Je n'ai été soulagée que lorsque la danse a été terminée.

J'étais terriblement déçue de ma performance à l'époque. Aujourd'hui, je pense que c'était un bon début. C'est donc dire que j'ai été rapidement confrontée

« La magie de la danse réside dans le fait que le corps ne ment pas : il montre les blessures, les peurs, les doutes. »

à mon exigence, à mon intransigeance. Je ne lâchais pas prise, je ne me laissais pas facilement guider. Les portés sont parfois périlleux, et les enchaînements rapides exigent une confiance aveugle en son partenaire : il faut le laisser diriger, prendre le contrôle. Or depuis mes 16 ans, je suis habituée à gérer ma vie toute seule. Faire confiance à une personne jusqu'ici inconnue et lui laisser les rênes m'était difficile.

La magie de la danse réside dans le fait que le corps ne ment pas : il montre les blessures, les peurs, les doutes. Ce qui était inconscient devient visible. Ironie de la vie, mon rêve était de faire cette émission et l'Univers avait décidé que ce serait une belle occasion pour avancer sur mon chemin. Quoi de plus métaphorique que de faire confiance à la danse, de laisser une main me guider, de gérer mes mouvements pour lâcher prise. Notre danse contemporaine, qui marquera le début et la fin de cette intense expérience, aura été mon plus grand défi. Ce style de danse demande un abandon total. Le moindre soupçon de contrôle peut trahir toute la fluidité qui doit en émaner.

La thématique de cette danse traitait du départ de ma mère à un âge où la petite fille avait encore besoin de protection. Chris a créé cette chorégraphie pour que je puisse baisser la garde et m'appuyer sur lui, le laisser me soutenir. Cette danse était hautement symbolique. La première fois, ce fut très difficile de m'abandonner. Une lutte s'opérait en moi. Tel un animal blessé, je n'arrivais pas à refaire suffisamment confiance pour que la magie puisse opérer. Lors de la finale, c'était une évidence pour nous : nous l'avons choisie parmi toutes les autres et l'avons interprétée à nouveau. Quelques secondes avant que nous commencions, les larmes m'ont submergée. J'ai commencé notre dernier duo en pleurant. J'ai été prise par l'émotion et je me suis abandonnée, à corps perdu. L'enjeu personnel était plus grand que les millions de gens qui nous regardaient. Ici, il était question de laisser une partie du poids de mon histoire qui me pesait sur le parquet. Plus personne n'existait en dehors de Chris et moi, nous étions en syntonie et cette parenthèse s'est refermée une fois notre duo terminé. Lui comme moi savions que tout était fini. La boucle était bouclée. Grâce à lui, j'avais réussi à transcender une partie de ma blessure. Je n'aurais pas pu rêver d'un meilleur partenaire, il avait compris l'enjeu de ce qui se passait en moi. Il a fait preuve de patience mais aussi de fermeté lorsque c'était nécessaire. De là est née une belle complicité fraternelle entre nous. Jamais je ne pourrai assez le remercier d'avoir accepté ce défi qui dépassait de loin le cadre d'une belle expérience me conduisant, grâce à lui, jusqu'en finale : c'était aussi un travail thérapeutique pour moi.

Quelques mois après la fin de cette aventure, la douceur s'est lentement invitée sur le terrain du contrôle, m'autorisant chaque jour à être moins exigeante vis-à-vis de moi, à accepter le fait que je suis parfaitement imparfaite et que c'est bien ainsi. Cela prend du temps, car nous vivons dans une société où la quête de perfection est omniprésente. Cette émission m'a offert trois cadeaux : vivre une aventure hors norme, partager ce défi avec une personne dotée d'une incroyable intelligence émotionnelle, et enfin dépasser certaines de mes peurs.

La vie m'a montré à plusieurs reprises que nous ne contrôlons pas grand-chose. Par exemple, je tentais souvent d'avoir raison. J'utilisais à l'excès l'art de l'argumentation pour que mon interlocuteur adhère à mon opinion. Avoir tort heurtait profondément mon ego qui cherchait désespérément à s'échapper de ce guet-apens. J'ai donc développé l'art d'argumenter, avec des arguments parfois pertinents, parfois beaucoup moins. Qu'importe ! Il fallait que j'aie raison. J'étais déjà consciente des sensations que provoquait en moi le fait d'avoir tort : j'entrais dans un climat de lutte féroce qui s'intensifiait au fil des débats. Mon orgueil ne pouvait s'avouer vaincu et, si j'avais tort, je finissais souvent par me retrancher derrière un argument pathétique.

Après une importante prise de conscience, j'ai lâché cette partie de mon armure car je me suis rendu compte qu'elle pesait trop lourd, que j'avais besoin de légèreté, de libérer de l'énergie pour entamer l'une des plus importantes quêtes de ma vie. Argumenter comme je le faisais me prenait une énergie folle. Plus tard, en lisant *Le Pouvoir du moment présent* d'Eckhart Tolle, j'ai compris comment me pardonner. Cela n'occulte en rien ma responsabilité mais fait disparaître ce qui pourrait m'empêcher de m'aimer.

Ainsi, si nous avons tort, notre mental a peur d'être anéanti, donc de mourir. Notre ego est là pour nous protéger du danger. Il réagit pour que nous ne mourions

« DANS UN ÉTAT
D'IDENTIFICATION AU MENTAL,
LA PEUR DE LA MORT
SE RÉPERCUTE
SUR CHAQUE ASPECT
DE NOTRE VIE. (...)
LE BESOIN COMPULSIF
D'AVOIR RAISON ET DE VOULOIR
DONNER TORT À L'AUTRE –
EN DÉFENDANT LA POSITION
MENTALE À LAQUELLE
VOUS VOUS ÊTES IDENTIFIÉ –
EST DU À LA PEUR DE LA MORT. »

Eckhart Tolle

Nouvelle terre, Éditions Ariane, 2005.

pas. Si nous nous détachons de cette peur, si nous cessons de nous identifier entièrement à ce mental, alors le besoin de protection disparaît.

J'entends souvent des personnes dire : « Je n'ai pas d'ego. » Je crois que bon nombre d'entre nous confondent l'ego et l'orgueil. L'ego n'est pas l'orgueil, il représente aussi notre identité. Il est constitué de nos expériences, de notre histoire, de nos apprentissages mais aussi de nos peurs et de nos douleurs. L'ego est ce qui nous définit en tant qu'individus singuliers.

Ma façon de tenter de maîtriser mes émotions a mis une distance avec l'autre, donnant à certains l'impression d'une personnalité froide voire insensible. C'est précisément le contraire, mais ce sont mes peurs qui m'ont amenée à me surprotéger. Il m'est arrivé de nombreuses fois de sentir les larmes monter alors que j'étais en plein milieu de la rue. L'église était alors mon refuge. Cela m'arrivait aussi en fin de soirée lorsque je me retrouvais seule dans ma voiture. Plus rien ne retenait les larmes qui coulaient. D'ailleurs, je me suis parfois fait surprendre. Dans ces moments, je me suis sentie gênée, j'avais peur que l'on me perce à jour.

J'ai toujours détesté que les gens veuillent se mêler de ma vie personnelle, de mes états d'âme, qu'ils puissent parler de moi sans savoir, en tirant des conclusions hâtives, en faisant des suppositions. Dans ces cas-là, il y a tout sauf de la bienveillance et de la compassion. C'est pour cela que je peux être amenée à cacher mes émotions, pour qu'on ne me vole pas ce qui m'appartient, qu'on ne me dépossède pas de ce qui fait partie de moi. Porter un masque, faire bonne figure, tenter de maîtriser et de contrôler ont aussi pour finalité d'éviter la pitié qui, à l'inverse de la compassion, crée une hiérarchie : celui qui éprouve de la pitié se place dans une position de supériorité. Et cette attitude ouvre à nouveau la blessure de rejet.

Rares sont les gens qui trouvent les mots justes, les solutions pour apaiser un cœur en détresse. Pendant longtemps, bien après son décès, j'ai continué à parler de ma mère au présent et je ne disais pas qu'elle n'était plus là. Un jour, une journaliste m'a posé à ce propos une question très frontale. J'ai fini par répondre à sa question et ainsi, elle a eu accès à ma fragilité. Je souhaitais absolument garder ce secret pour que personne n'ait accès à cette partie fragile en moi. J'avais construit une forteresse pour protéger cette zone si sensible qui me mettait à terre dès lors que je faisais face. Je souhaitais préserver le secret de l'existence de mon talon d'Achille.

Lorsque la journaliste a appris mon histoire, elle a décelé toute ma fragilité, je me suis sentie très vulnérable. Et tiraillée : la petite fille que j'avais été voulait exprimer enfin sa douleur et sa tristesse, sortir de sa pièce noire, et l'adulte que j'étais devenue essayait de rester digne, de ne rien laisser paraître, de ne surtout pas être prise pour une victime, et donc recevait mal les phrases comme : « Je suis désolée de l'apprendre, cela a dû être difficile. » L'enfant voulait de la compassion, mais l'adulte voulait rester digne car elle avait peur de fondre en larmes. Je réalise en écrivant cela que la pudeur transmise par ma famille m'amenait à cacher mes faiblesses. Mon père n'avait jamais parlé des tortures subies en prison, pourquoi parlerais-je de mes souffrances ?

Cette forme de fierté m'a conduite à traverser seule les épreuves, comme j'y avais été habituée. Et c'est principalement seule que j'ai vécu ce que bon nombre de femmes vivent au moins une fois dans leur vie : un avortement. J'ai avorté à un moment de ma vie où j'avais beaucoup de certitudes et surtout beaucoup de peurs, où toutes les planètes n'étaient pas assez bien alignées pour que je puisse accueillir avec force et conviction cette nouvelle vie. Ma fragilité émotionnelle a fait appel au contrôle pour me protéger et préserver ce petit être. Je pensais notamment que je ne pouvais pas devenir mère tant que je n'avais pas posé un cadre stable. En réalité, je ne pouvais pas devenir mère car je n'étais encore qu'une adolescente à l'intérieur, en quête d'insouciance, cherchant à se délester du poids des responsabilités endossées trop tôt, incapable d'offrir tout l'amour dont je manquais cruellement pour moi-même. Cette expérience douloureuse est venue mettre en lumière mes mécanismes de protection et ce sur quoi je devais travailler afin de pouvoir un jour être mère, mais elle a aussi fait naître et planer un sentiment de culpabilité durant de nombreuses années ainsi que le poids de la responsabilité d'avoir refusé ma seule chance d'enfanter un jour, peut-être.

« Mon père n'avait jamais parlé des tortures subies en prison, pourquoi parlerais-je de mes souffrances ? »

Avec du recul, j'ai conscience qu'il n'y a pas de cadre parfait pour accueillir un nouvel être, mais que ce cadre va déterminer notre manière d'interagir avec lui. Cela aura des conséquences sur sa propre existence et, à son tour, sur la vie des gens qu'il côtoiera. La décision d'accepter ou de refuser l'arrivée de cette nouvelle âme nous appartient, c'est personnel, ici nous avons (encore) le choix, mais par respect pour ceux qui ne l'ont pas et surtout en considération de l'aspect précieux de la vie, on se doit de tout faire pour ne pas se retrouver dans une telle situation. Vivre en conscience passe par la notion de responsabilité.

L'avortement n'est pas anodin. On en parle peu. On devrait peut-être davantage honorer le fait d'avoir le choix en Occident. Honorer également la magie de la conception, de la vie, demander pardon à cet enfant afin de se pardonner à soi-même. Avec les droits viennent aussi les responsabilités et devoirs. Être femme et mettre au monde est un magnifique cadeau, celui de porter la vie, mais c'est aussi la responsabilité d'en assumer les conséquences, quelles qu'elles soient. Après l'avortement, j'ai cru pendant quelques semaines que j'étais à nouveau enceinte. C'était une fausse alerte. Mais un déclic a eu lieu. Je me suis libérée d'une peur, j'étais prête à créer de l'espace pour un changement de vie. Cette expérience a permis de laisser exister l'envie d'être mère, de lui donner son espace et sa priorité.

« La vie, c'est ce qui vous arrive pendant que vous faites d'autres projets. »

John Lennon

Lâcher le contrôle ne sous-entend pas que je ne me respecte pas, que je perds une partie de mon identité. L'attitude d'ouverture inconditionnelle à l'instant ne conduit pas à tout tolérer. Mais plutôt que de gaspiller toute notre énergie à tenter de contrôler l'avenir, qui est incontrôlable, nous pouvons garder cette énergie pour agir. Notre seul pouvoir existe dans l'instant, ici et maintenant. C'est notre seule responsabilité. Alors nous devons assumer nos choix à cet instant. Nous ne sommes pas assurés d'avoir un avenir sans risques. La vie n'offre pas cette certitude. Lâcher prise permet d'être ancré dans le moment présent, authentique et détaché, d'avoir une réelle confiance en soi, en ses choix.

« DONNEZ-MOI LA SÉRÉNITÉ
D'ACCEPTER LES CHOSES
QUE JE NE PEUX PAS
CHANGER,
LE COURAGE DE CHANGER
CELLES QUE JE PEUX CHANGER
ET LA SAGESSE DE DISTINGUER
LES PREMIÈRES
DES SECONDES. »

Reinhold Niebuhr,
Prière de la sérénité, années 1930.

« Le chemin que j'ai choisi m'aura fait passer d'une forme d'inconscience, où je subissais les mécanismes de protection de mes blessures, à la prise de conscience et à l'acceptation de mes fêlures pour mieux les appréhender dans l'espoir de les guérir un jour. »

PARTIR EN QUÊTE

La prise de conscience de mon rapport à la solitude, à l'abandon, au rejet, à l'injustice et au contrôle m'a donné la direction de ma quête. Je devais m'abreuver à une autre source que celle que j'avais utilisée jusque-là. J'ai déposé mes armes au sol en pleine bataille et je suis partie mener un autre type de combat où ces armes ne m'étaient plus d'aucune utilité.

Avez-vous déjà vécu ces moments où l'on ne trouve plus de raison de se lever, de vivre la journée qui commence, où l'on se demande quel est le sens de sa vie, s'il y en a un ? Pourquoi en est-on arrivé là ? En ce qui me concerne, c'est une rupture amoureuse qui a déclenché ces questionnements. J'avais pourtant déjà traversé des épreuves bien plus difficiles. Je croyais être guérie. Il n'en était rien. J'ai cru sombrer.

On passe tous par des transitions difficiles au cours de sa vie, il ne faut pas mentir aux gens, il faut être totalement sincère : personne n'est absolument heureux, sans aucun problème, sans aucun doute. Aller vers une guérison passe par des moments difficiles et par des moments d'épanouissement. Pour ma survie, il fallait que je fasse un chemin intérieur afin de fortifier le pilier contre lequel je pourrais m'appuyer, la seule base solide, inébranlable.

Beaucoup de relations amoureuses vous renvoient à ce que vous avez à guérir pour avancer sur votre chemin. La magie de l'amour se trouve dans les résonances entre les partenaires. Elles vous font grandir. Certains échos nécessitent d'être accueillis avec le plus grand soin pour être transformés en guérison. Si nous ne le faisons pas, nos blessures crieront de plus en plus fort et pourront même nous amener au bord du précipice, pour que nous réagissions enfin.

Cette rupture amoureuse m'a vraiment mise à terre. À nouveau, je n'avais pas construit ma propre maison. J'avais tout misé sur l'autre. J'avais nourri mon ego plus que mon cœur. Je réalisais que j'aimais plus l'autre que je ne m'aimais moi-même. Et à nouveau, je croyais ne pas avoir droit à une vie normale, ne pas mériter d'être sereine et heureuse. Ma mémoire de douleur s'est réactivée, a ressurgi et j'ai ressenti encore plus violemment le vide, la solitude, le désespoir, la chute. La puissance de l'ensemble de ces sentiments que j'avais déjà vécus dans ma chair était d'une violence rare. La vie m'a mise à nu.

Une phrase prononcée durant cette période de séparation résonne encore en moi : « Les gens ne changent pas, tu ne changeras jamais. » Ces propos provoquaient une distorsion en moi. Je ne pouvais croire que nous étions condamnés durant toute une vie à vivre sans possibilité de changement, d'évolution. Pour moi, c'était antinomique puisque la vie change en permanence, tout ce qui nous entoure nous le prouve chaque jour : un coucher de soleil n'est jamais le même deux jours d'affilée, l'éclosion d'une fleur non plus, ni même une grossesse, ni même un sentiment… Pour moi, cette phrase fut un déclic. Je ne voulais pas que mon passé me bloque dans mes douleurs, mes peurs, et détermine mon avenir. Il me fallait trouver le moyen de transcender cette croyance. Parfois sans le savoir, sans le vouloir, l'autre vous offre son plus beau cadeau.

« Rien n'est absolu, tout est changement, tout est mouvement, tout est révolution, tout s'envole et s'en va. »

Frida Kahlo

Les premières semaines suivant la rupture, je me suis installée chez une amie proche. J'attendais la nuit tombée avec impatience pour enfin me coucher et pleurer. Je détestais le jour car j'étais en apnée, je retenais constamment mes larmes car je n'arrivais plus à contrôler ma douleur. Elle était si forte que j'avais l'impression que j'allais étouffer sous son intensité. Je consacrais le peu de forces qu'il me restait à mes obligations professionnelles et à la volonté de sauver les apparences afin de me préserver du regard des autres. Cela me prenait beaucoup d'énergie. Même lorsque j'étais uniquement avec mon amie, j'essayais de sauver la face. J'aimais les dimanches car tout était fermé, j'avais l'impression que l'on respectait mon désarroi et le temps dont j'avais besoin pour me remettre debout. C'est à ce moment-là que j'ai pensé à la nécessité de s'accorder une pause pour vivre un deuil. La terre ne s'arrêtait pas de tourner, la vie, insolente, continuait et moi, j'étais perdue. Je sentais une pression sur ma poitrine dès que je pensais à la situation, une grande angoisse à l'idée de quitter le pays pour prendre un nouveau souffle, comme si l'air que je respirais m'asphyxiait à petit feu.

J'avais gardé une vision très édulcorée de l'amour et j'en conserve des bribes. Dans un couple, si le bénéfice est plus grand que la contrainte, le couple survit. À l'inverse, il peut mourir, et cela nous devons l'accepter, en faire notre deuil. Les relations sont des cycles. On nous a élevés en nous faisant croire qu'une relation était éternelle, mais chacune vient avec une durée définie, un début, une fin. Les relations amoureuses sont, aussi, intimement liées aux blessures que l'on a reçues et aux marques qu'elles impriment dans nos cœurs.

Chaque relation est venue m'apprendre quelque chose, construire ma maison, mon pilier, m'affranchir de mes blessures. Ce qui a fondamentalement changé aujourd'hui, c'est la force de l'amour que je me porte. Cette reconnaissance de l'être composé de ses failles, mais aussi de ses lumières, fait que je me respecte et que je reconnais ce que je mérite. Aujourd'hui, le comportement de l'autre ne me remet plus en question dans mon intégralité. Il peut mettre en évidence des blessures à guérir, mais ce que je suis reste solide et stable.

Au fil du temps, j'ai compris que l'on s'impliquait dans certaines relations parce que l'on reconnaissait plus ou moins consciemment nos blessures chez l'autre. Là commence le travail. Je peux à présent remercier chacun de mes compagnons avec gratitude pour ce qu'il m'a apporté. Chaque expérience, même douloureuse, m'a amenée à être la femme que je suis aujourd'hui, plus authentique, moins fragile, porteuse de moins d'incertitudes, plus confiante, plus ancrée. Mon cœur est toujours ouvert mais ne crie plus famine.

> *« Dans la vie, il arrive un moment où – on ne peut pas y échapper – tout est mis en doute (...) Et ce doute contient la solitude. »*
>
> **Marguerite Duras**

Suite à cette rupture, cette fois, la solitude a nourri ma motivation à me remettre debout et à avancer. Quelques années auparavant, j'avais lu le livre d'Elizabeth Gilbert *Mange, prie, aime*, et précisément ce passage : « Les gens, universellement, ont tendance à penser que le bonheur est un coup de chance, un état qui leur tombera peut-être dessus sans crier gare. (...) Mais le bonheur ne marche pas ainsi. Il est la conséquence d'un effort personnel. (...) Chacun doit s'activer pour faire advenir les manifestations de sa grâce. » J'ai donc décidé de poser des actes. Je me suis réveillée, j'ai pris un billet pour Bali, en Indonésie, et je suis partie à la découverte de ce qui se cachait au fond de moi. Je ne voulais plus me retrouver dans un tel état de vulnérabilité. Pour cela, il fallait que je commence à construire mes propres fondations plutôt que d'essayer de les trouver chez les autres.

Là résidait l'un des problèmes majeurs dans mes relations amoureuses et parfois amicales : je cherchais ma stabilité chez elles, dans leur famille et, une fois que la relation s'arrêtait, je perdais tout. J'avais l'illusion que le vide était comblé mais la vacuité de ma propre coupe était évidente. Il fallait que je trouve seule qui j'étais, ce que je voulais et ce que je ne voulais plus. Il fallait que j'aille à la découverte de ce monde et surtout de moi-même.

C'était mon premier voyage seule dans un pays inconnu. Je cherchais une destination agréable où je puisse me sentir en sécurité. Je l'ai trouvée avec la petite ville d'Ubud qui accueille des personnes venues du monde entier en quête de spiritualité. Je décide alors de partir à la découverte de moi-même. La spiritualité, c'est un monde sans fin, aux divers chemins, aux diverses portes. Aucun d'entre eux n'est mauvais ou meilleur. Pour ma part j'avais besoin d'une immersion totale afin d'entamer cette quête.

J'ai trouvé l'adresse du Yoga Barn, un lieu où l'on peut loger et prendre des cours de yoga et de méditation de qualité. Les chambres étaient beaucoup plus

« Et surtout, ayez les yeux ouverts sur le monde entier car les plus grands secrets se trouvent toujours aux endroits les plus inattendus. Ceux qui ne croient pas à la magie ne les connaîtront peut-être jamais. »

Roald Dahl,
Les Minuscules, Gallimard Jeunesse.

chères que la moyenne des prix des logements à Bali, mais j'avais besoin d'un cadre rassurant pour cette première aventure. J'y ai suivi des cours de yoga assez difficiles pour moi. Un soir, j'ai assisté à une séance de bol tibétain[1]. Durant toute la durée du cours, je n'ai pas réussi à me détendre. À ma grande surprise, ce n'est que lorsque le maître tibétain a cessé de faire chanter ses bols que je me suis apaisée. Plus tard, je comprendrais que c'était le processus normal. J'ai également suivi un cours sur l'importance de l'alimentation et sur l'importance de l'intestin pour l'hygiène du corps et de l'esprit. Aujourd'hui, l'intestin est considéré comme le deuxième cerveau et on ne cesse de découvrir toute son influence sur notre métabolisme physique et psychique.

Un jour, je suis partie en mobylette au temple Tirta Empul avec une jeune femme que j'avais rencontrée au Yoga Barn. Les sources de ce temple de purification sont considérées comme sacrées par les hindouistes balinais. Sur le chemin, nous nous sommes posées pour prendre le temps de contempler et d'admirer les paysages fascinants des célèbres rizières en terrasses. Comme tous les temples hindouistes, il faut passer par plusieurs portes pour accéder au cœur de Tirta Empul. Les portes représentent la séparation entre le monde matériel et le monde spirituel. J'ai effectué tous les rituels consistant à se baigner dans différents bassins sous plusieurs jets d'eau sacrée (*Tirta* signifiant « source »). Selon la légende, les eaux de Tirta Empul ont des vertus médicales autant que purificatrices.

Je ne peux pas oublier non plus ma rencontre avec une femme *guru* qui m'a éclairée sur certains aspects de ma vie. Un tel voyage ne se retranscrit pas de

1 Un bol tibétain traditionnel est composé de sept métaux en lien avec les sept astres visibles (le Soleil, la Lune, Mercure, Vénus, Mars, Jupiter et Saturne). Il est conçu par des artisans basés dans l'arc tibétain (Tibet, Népal, Bhoutan) détenant le savoir-faire issu d'un héritage unique. Esthétiquement, on reconnaît un vrai bol tibétain de part ses traces de martèlement le long de sa paroi, témoins de longues heures de travail et de façonnage. En termes de sonorité, c'est un bol authentique qui émet un son particulièrement riche et profond.

manière chronologique et très structurée. Mais je peux vous dire que ce voyage a été une douce et magnifique introduction au monde que je ne cesse d'explorer aujourd'hui. Ce monde est le mien, mon monde intérieur. J'y ai découvert que tout était relié, qu'il était impossible d'envisager une pratique yogique sans une bonne hygiène alimentaire (puisque mon corps était mon temple), qu'il n'y avait pas de barrière entre le corps et l'esprit, que les deux allaient de pair et même plus : qu'ils étaient interdépendants. Je me suis aussi rendu compte que reconnaître la beauté extérieure était pour moi plus facile que de le faire pour la beauté intérieure mais qu'il fallait y parvenir, ce sans quoi je ne trouverais pas le chemin de la guérison. Ce voyage ne fut donc que le début de ma quête.

Un an plus tard, je m'envolais pour Bangalore, en Inde. Depuis des mois, je dévorais le magazine de développement personnel *Happinez*. Ses articles nourrissaient mon envie d'explorer ma spiritualité et c'est ainsi que j'ai découvert la fondation l'Art de vivre fondé par le sage hindou Sri Sri Ravi Shankar. Dans ce magazine, l'une des interviews avec un professeur de cette fondation parlait de l'initiation au Sudarshan Kriya, une technique ancestrale de respiration qui permet de calmer le mental et de mieux se préparer à la méditation. Toutes les tentatives que j'avais essayées avaient été peu concluantes, il m'était difficile de me poser, de fermer les yeux et de rester quelques minutes au calme sans bouger. Là-bas, pour la première fois, je me suis connectée à mon moi profond, à cette identité que je cherchais. Ma quête avait enfin débuté, une quête qui n'a jamais cessé depuis. Sur ce chemin, j'apprenais à lever le voile sur les raisons de mes choix de vie, sur ce qui entravait ma recherche du bonheur, sur ce que le bonheur signifiait pour moi et, en premier lieu, sur l'importance de trouver l'équilibre. L'apprentissage a été semé

« Le silence est plus que l'absence de mots, c'est une façon de nous régénérer physiquement, mentalement et spirituellement. Même quelques minutes de silence véritable génèrent un repos plus profond que le plus profond sommeil et une expérience au-delà de toutes les autres. »

https://www.artofliving.org/fr-fr/stage-lart-du-silence

d'embûches mais j'ai appris ceci : chaque victoire sur le chemin se célèbre avec humilité et chaque moment d'égarement avec indulgence.

Après Bali et Bangalore, j'ai décidé de participer à une retraite silencieuse dans la Forêt-Noire durant cinq jours. J'étais exténuée mais je souhaitais exploiter de nouveaux horizons, aller plus loin dans ma pratique de la méditation. Le planning de cette retraite était strict : réveil à 5 h 30-6 heures, déjeuner, méditation, cours de yoga, méditation, étude des textes anciens de sagesse védique[1]. Les repas avaient lieu en silence, nous ne devions pas chercher le contact par le regard. Il était interdit de lire, d'écrire ou d'écouter de la musique. Seule face à soi. Cette retraite a été difficile à vivre les premières trente-six heures : j'avais du mal à rester assise en tailleur pendant les longues méditations, mon esprit était agité et mes pensées devenaient de plus en plus sombres. Le calme avait laissé émerger toute la noirceur qui stagnait au fond de moi et que la vie et le quotidien maintenaient cachée. Ici, loin de tout, sans autre préoccupation qu'écouter la musique de mon for intérieur, je pouvais enfin prendre conscience de la nécessité de cette purification. J'étais très critique à mon égard, je me sentais comme la pire personne dans ce monde, comme si tout ce que j'avais toujours voulu cacher était maintenant visible. Je me voyais.

Une vidéo de Sri Sri Ravi Shankar m'a aidée à comprendre que ce processus était normal, qu'il fallait en passer par là. Comprendre cela m'a autorisée à plonger dans l'expérience. À la fin de la retraite, je n'avais plus aucune envie de briser mon vœu de silence. J'aurais voulu rester quelques semaines de plus. J'étais paisible, sereine. Parler demande beaucoup d'énergie. Je suis une oratrice, cela fait partie de mon métier. Faire vœu de silence m'a permis de voir en moi cette énergie que mobilise la parole. J'ai eu moins peur du vide, du silence, seule ou accompagnée. Nous portons la richesse en nous. Nous devons apprendre à écouter notre propre musique. Et pour pouvoir l'entendre, il faut du calme.

Ma vie a toujours été guidée par le besoin d'aller à chaque fois plus loin, de vouloir le meilleur pour moi, de garder précieusement la lumière dans mon cœur, quels que soient les obstacles. J'ai foi en la vie, en mon étoile. Quelque part en

1 Veda : ensemble de textes religieux de l'Inde ancienne. Le Veda est la connaissance complète de toutes les lois de la nature, de toutes les lois qui structurent et maintiennent l'Univers.

Inde, j'ai appris que les opposés étaient complémentaires. Depuis, je n'essaie plus de comprendre pourquoi les contrastes entre les expériences difficiles et celles qui m'apportent de la joie sont si prononcés car je saisis mieux l'intérêt de cette palette de ressentis dans ma vie. Certains événements me montrent la lumière et l'espoir tandis que d'autres me rappellent l'humilité et le chemin que j'ai encore à parcourir. Les opposés sont complémentaires car ils se nourrissent mutuellement.

L'écoute des autres, de moi-même et de la vie me connecte au Tout. Le seul moyen pour établir une connexion est d'écouter l'autre pour le comprendre, et non pour lui répondre. Nous sommes à la fois différents et semblables. Chaque rencontre, chaque partage, chaque expérience nous fait grandir. Nos destins se croisent, trouvent leurs points communs, nous conduisent à voir le monde sous d'autres angles, dans nos joies comme dans nos peines, nos peurs, notre amour. Alors, écouter devient leçon de vie, opportunité de procéder à une mise à jour, de mieux comprendre qui l'on est afin de tendre, au fil du temps, vers une nouvelle version de soi.

« Nous sommes les créateurs, les architectes de nos vies. Pensons à honorer ce qui se présente sur notre chemin : un arbre, une fleur, une personne... »

Pensons aussi à honorer ce que nous créons sur ce même chemin. Nous sommes tous lumineux quoi que nous traversions, ne l'oublions pas, même dans les pires moments. Avec le temps, nous aurons toujours les réponses à nos questions : pourquoi dois-je vivre cette expérience ? Que signifie-t-elle ? Que va-t-elle m'apporter ? Le temps nous donne toujours ces réponses, mais nous ne pouvons pas prévoir à quel moment.

Ainsi, la vie est comme un puzzle où les pièces, au fur et à mesure qu'elles s'assemblent, donnent un sens à l'ensemble. Les blessures que nous portons, les expériences que nous vivons, les moments de solitude ainsi que notre rapport au jugement nous définissent autant dans nos ombres que dans nos lumières. Ces éléments font partie d'un trajet qui nous construit. Ils nous dispensent des enseignements en pavant la voie d'indices pour avancer vers notre meilleure façon de briller.

Je vous ai donné à comprendre que le chemin n'avait pas toujours été facile. C'est vrai, mais il est aussi magnifique, joyeux, exaltant, lumineux, car plus nous avançons dans nos guérisons, plus la paix s'installe en nous, plus nous sommes centrés, équilibrés, stables, épanouis. Je ne pouvais pas vous mentir en vous disant que ma vie avait toujours été facile. D'ailleurs, pour qui la vie est-elle un long fleuve tranquille ? Elle a donc parfois été faite d'épreuves, tout comme la vôtre, mais j'ai toujours cru en sa magie, en ses moments de joie pure, de félicité, de gratitude, de bonheur. Ceux-ci, particulièrement, ont pavé la voie.

Notre liberté, c'est aussi cela : nous accepter dans tout ce que nous sommes, nous regarder dans un miroir sans détourner le regard, faire face à tout ce qui nous constitue, la tristesse et la joie, la peur de l'abandon et la confiance, la crainte de l'injustice et l'acceptation, la colère et la paix, la peur et la sécurité, la honte et l'estime de soi, la peur du rejet et l'ouverture du cœur… Nous sommes ce Tout qui nous compose. Avec le temps, j'ai compris que les zones d'ombre coexistaient avec la lumière qui nous porte.

« Va lentement,
ne te hâte pas,
chaque pas t'emmène
au meilleur de la vie. »

Thich Nhat Hanh,
L'Art de vivre, Le Courrier du Livre, 2018.

LE TEMPS

Temps : notion fondamentale conçue comme un milieu infini dans lequel se succèdent les événements. Mouvement ininterrompu par lequel le présent devient le passé, considéré souvent comme une force agissant sur le monde, sur les êtres.
Étymologie : du latin *tempus* : temps, moment, instant, saison, époque de l'année.
Ma perception : il œuvre pour nous rassurer, nous montrer que nous sommes sur le bon chemin. Il est le seul qui puisse nous prouver que chaque expérience était juste et avait du sens, sans équivoque possible.

« Nous ne vivons qu'une
infime partie de notre vie.
Le reste à vrai dire
n'est pas la vie
mais simplement du temps. »

Sénèque

CONTE TIBÉTAIN

Il était une fois, au Tibet, un village où tout le monde marchait pieds nus. Le relief alentour était rude et rocailleux, hérissé de roches et de ronces, froid et glacé. Les pieds des villageois étaient couverts de contusions, de coupures et de blessures, et transpercés d'esquilles acérées.

Un jour, las de souffrir, ils se rassemblèrent pour discuter du problème. « Nous avons des yaks, fit remarquer quelqu'un, et quand ils meurent, nous avons leurs peaux. Et si nous étalions ces peaux sur les sentiers de la montagne ? Nous pourrions ainsi marcher plus facilement. »

L'idée sembla digne d'attention ; ils mirent donc toutes leurs peaux en commun et commencèrent à recouvrir les chemins avec le cuir, pour découvrir rapidement que tout le cuir du Tibet ne suffirait pas à tapisser tous les sentiers qu'ils devaient parcourir. Ils se demandèrent que faire.

Quelques-uns proposèrent : « Allons voir le grand maître qui vit dans le monastère au sommet de la montagne et demandons-lui ce que nous devrions faire. » Tout le monde trouva l'idée excellente, et le village tout entier grimpa donc la montagne jusqu'au monastère. Le chemin était fort long, et certains étaient fourbus à leur arrivée, mais il leur restait assez de souffle pour poser leur question au grand maître.

« Cher lama, nous avons un grave problème. Peut-être pourriez-vous nous aider. Nous voulons recouvrir nos sentiers de cuir, mais nous n'en avons pas assez. Que devons-nous faire ?
— Ce n'est pas si grave, assura le grand maître. Laissez-moi réfléchir et je vous donnerai la réponse. Asseyez-vous tous, je vous prie, et nous allons

méditer pendant cinq minutes. Soyez juste présents. »
Après cinq minutes, le maître dit : « Ouvrez tous les yeux. » Puis il sourit et donna sa réponse.
« Ce n'est pas le chemin qui est le problème. C'est vous. Peut-être devriez-vous recouvrir vos pieds de cuir de yak plutôt que de recouvrir les sentiers du pays ? Vous découvrirez que, si vous mettez du cuir sous vos pieds, ils seront protégés où que vous alliez. Mais n'oubliez pas que mettre fin à la souffrance causée par des pieds en sang ne suffit pas. Comme les routes frustes et hérissées de ronces, il y a dans le monde des gens frustes et hérissés de ronces. Ils nous causent bien des problèmes mentaux. Quand nous rencontrons ces gens que nous trouvons agaçants et énervants, nous devons apprendre à recouvrir notre esprit avec de la compassion et de la patience, et alors nous serons délivrés du problème. Vous devez mettre un terme à votre souffrance mentale. N'oubliez pas que, de même que vous mettez des chaussures de cuir pour protéger vos pieds, il vous faut mettre des chaussures de compassion et de patience pour protéger votre esprit.

Vous serez alors calme et paisible, et tranquillité et harmonie régneront dans votre vie. Où que vous alliez, votre vie sera facile, à la fois physiquement et mentalement. On ne peut contrôler le monde, mais on peut contrôler sa réponse négative au monde. »

Les villageois furent tout à la fois touchés et impressionnés par ces conseils. Ils redescendirent de la montagne et commencèrent à se fabriquer des chaussures en cuir de yak, qu'ils portèrent chaque jour ; et, chaque fois qu'ils se sentaient énervés ou agacés, ils se rappelaient mutuellement : « Où sont tes chaussures de patience et de compassion ? »

J'étais une impatiente. Mon impatience était liée au fait de ne pas avoir de contrôle sur ce qui est, par nature, incontrôlable. La patience rend sereine, l'impatience crée la frustration. En croyant tout contrôler, j'avais l'impression d'agir et non plus d'avoir à subir une nouvelle douleur, un nouvel abandon, un nouveau vide. J'ai parfois trépigné d'impatience. Très souvent, j'étais frustrée. Mais sur mon chemin de vie, j'ai peu à peu découvert que le temps apportait toujours des réponses. La seule inconnue, c'est le moment où elles arrivent.

Se maîtriser face à une attente, accepter de ne pas savoir ce qui adviendra, ne pas contrôler le temps, être patient… Oui, j'ai toujours eu du mal avec l'attente. J'avais envie de tout anticiper, y compris les mots de l'autre lorsque j'avais compris où il voulait en venir : je l'interrompais. L'impatience m'a aussi conduite à la frustration au travail : j'étais impatiente de réaliser des projets et je ne comprenais pas pourquoi ils ne se concrétisaient pas. La frustration engendrée par l'impatience m'a poussée, il y a quelques années, à créer ma chaîne YouTube. J'avais besoin de ne plus être dans l'attente d'une éventuelle proposition de projet de télé, j'avais besoin de créer, de partager sur des sujets qui me définissaient vraiment. C'était une période où, en quête de moi, je découvrais tout un monde qui donnait du sens à mon existence, et je débordais d'envie de partager et d'échanger à ce propos. Ainsi j'ai pensé à tourner des vidéos que je posterais sur ma chaîne YouTube.

Avec l'aide d'un ami, j'ai réalisé quelques vidéos que j'ai postées. Le simple fait d'être à nouveau aux commandes, de tenir le gouvernail et d'aller au bout de ce projet m'a beaucoup apaisée. Cela m'a réconciliée avec le temps et ce qu'il m'offrait dans le présent. J'ai arrêté cette chaîne après avoir pris conscience de la résorption de ma frustration. Ainsi, j'ai pu découvrir que pour l'essentiel, je vivais une vie que j'aimais, car le souci avec la frustration, c'est qu'elle altère la réalité, allant jusqu'à occulter les bons aspects de notre existence. Elle remet tout en question, sans nuances. Même les couleurs vives se ternissent pour finir par brosser un sombre tableau. Si on laisse la frustration prendre trop de place, on peut donc perdre beaucoup. Et la frustration est intimement liée à l'impatience, au fait de ne pas laisser les choses se faire, de ne pas prendre le temps d'admettre l'essentiel : si les événements attendus n'adviennent pas, cela a une raison d'être.

Pour moi, attente signifiait perte de temps, vide, arrêt, introspection et, sans doute, mort. J'ai toujours été en mouvement, sans doute pour ne pas entendre l'écho de mon propre monde. L'agitation extérieure camoufle l'agitation intérieure, nous évitant la confrontation à soi-même et la véritable écoute de soi. Pendant de nombreuses années, l'attente était synonyme de forte dépendance à l'autre, à ses actes, à ses réponses, à sa façon d'agir sur ma vie. J'ai alors appris quelque chose de fondamental : dans l'attente, on peut aussi avancer, créer, faire autre chose, être présent pour soi. On peut parvenir à se détacher de l'attente, à s'ancrer dans le présent. En précipitant les événements, on ne leur laisse pas le temps de s'installer, on ne laisse pas les idées mûrir. La patience favorise l'attention aux signes envoyés par la vie, l'attention au présent afin d'en savourer la qualité.

J'avoue que mon impatience venait aussi, lorsque je vivais des situations qui me faisaient souffrir, d'un irrésistible besoin d'être assurée que le futur serait meilleur que mon présent et que mon passé. Aujourd'hui, j'ai beaucoup plus confiance en l'avenir, je me suis apaisée grâce aux miracles qui se sont produits. Je me sens moins seule car je suis plus à l'écoute. Le doute a presque disparu, resurgissant seulement lorsque je suis fatiguée ou en train de guérir une blessure. Pour en arriver là, il fallait que j'apprenne la confiance. Et pour cela, il fallait que je prenne conscience du pouvoir du temps.

« Le temps donne la notion de l'existence à celui qui réalise sa vie jour après jour. »

Sonia Lahsaini

Ce sont notamment les lectures des ouvrages d'Eckhart Tolle qui m'ont guidée dans mon rapport au temps. J'ai compris qu'il avait le pouvoir de m'apaiser : il mettait en lumière les raisons des difficultés que j'avais traversées et les miracles de la vie. Tout cela constituait des enseignements. Lorsque j'ai fermé ma boutique de vêtements en 2009, à peine un an après sa reprise, je cherchais un travail pour gagner ma vie. Je l'ai trouvé dans un magasin de textile. J'ai commencé à travailler à l'accueil de cette entreprise.

Retour à la case départ. J'avais été élue Miss Belgique quelques années auparavant, j'avais voyagé dans le monde entier et là, le plus important pour moi était d'avoir un salaire. Souvent, je voyais le regard surpris des visiteurs m'apercevant au comptoir. Un jour, l'un d'eux m'a demandé à haute voix pourquoi je n'avais pas trouvé mieux comme boulot après mon élection. Étant donné le nombre de regards interrogateurs qui se posaient sur moi régulièrement, cette remarque n'avait rien de surprenant, mais mon parcours était celui-là et j'étais reconnaissante d'avoir cet emploi. Un jour, une dame est passée avec sa fille et m'a demandé si je pouvais être intéressée par un casting pour le service météo, qui était à la recherche d'une remplaçante.

Je n'y ai pas trop cru mais j'ai accepté et je me suis rendue à l'entretien, puis au casting. Je n'y croyais toujours pas jusqu'au jour où j'ai été prise pour effectuer les remplacements. Jamais je n'aurais pensé qu'accepter ce poste de réceptionniste m'aurait amenée à faire de la télé. En gagnant l'élection de Miss Belgique, j'avais cru que mon avenir était tout tracé, que je ne devais plus m'en préoccuper. Faire face au contraire a donc été une claque. Mais au bout du compte, ce retour à la case départ a été une bénédiction. Quoi qu'il advienne, j'avais la preuve que j'étais capable de recommencer à zéro. J'avais la capacité de m'adapter et je n'étais pas limitée par mon ego.

La vie est pleine de surprises. Si l'on fait un pas vers l'Univers, il en fait dix vers nous. Le temps m'a permis de comprendre que tout était juste, même les expériences les plus douloureuses. Le temps est un allié, il n'est pas à combattre. Il se mêle à l'espoir et à la foi, des dispositions qui s'associent à l'attente et à la confiance. Il apaise, guérit, calme les douleurs, met en exergue les cadeaux de la vie, donne aussi au deuil les moyens de se faire en douceur. Le temps m'a aidée à faire celui de ma mère et à mieux gérer la mort de mon père. S'il n'y avait pas eu ce temps entre leurs décès, je ne sais pas comment j'aurais pu rester debout.

Les minutes, les mois, les années passent et apportent le recul nécessaire pour changer le regard que l'on porte sur son passé. Ce temps est irréversible : il ne peut être parcouru que dans une direction, et nous ne pouvons que la suivre. Il est impossible de revenir en arrière, de revivre l'année précédente. On ne cesse au contraire de s'en éloigner. Le souvenir même se transforme. En réalité, nous ne retrouvons jamais tout à fait, par la mémoire, le passé tel que nous l'avons vécu. Notre évocation est fonction de ce que nous sommes devenus, et nos souvenirs évoluent. En prenant conscience du temps passé, nous pouvons lui donner un sens nouveau et en tirer des leçons pour l'avenir.

Le temps m'a confirmé à quel point je n'ai jamais été seule mais toujours accompagnée de l'énergie de mes parents, de mes amis, de mes souvenirs, de ma lumière, de mon étoile. Ainsi, le temps nous aide à assembler les pièces du puzzle de nos vies, à lui donner son sens.

Le temps nous offre des cadeaux. Nous pouvons l'en remercier. Si on vous avait dit il y a vingt ans que vous seriez ce que vous êtes aujourd'hui, vous ne l'auriez sans doute pas cru. La vie est impermanente. Tout bouge tout le temps. Sans cesse nous devons nous remettre en question et avancer vers l'inconnu. Avoir confiance en la vie, avoir foi en elle, savoir reconnaître qu'elle nous veut du bien, accueillir chaque événement comme une opportunité pour grandir et progresser nous rapproche de notre vérité. D'instant en instant, vous vous rapprochez de vous-même et devenez plus épanoui, plus confiant.

« Le temps n'est-il pas comme est l'amour, indivisible et immobile ? Mais si dans votre pensée vous devez mesurer le temps en saisons, Que chaque saison enveloppe toutes les autres, Et qu'aujourd'hui embrasse le passé avec souvenir et le futur avec aspiration. »

Khalil Gibran,

Le Prophète, Éditions du sagittaire, 1926.

« Cela semble toujours impossible, jusqu'à ce que ce soit fait. »

Nelson Mandela,
Un long chemin vers la liberté, Fayard, 1995.

LA FOI

Foi : adhésion totale de l'homme à un idéal qui le dépasse. Confiance absolue que l'on met en quelqu'un, quelque chose.
Étymologie : les mots latins *fides* (foi) et *fœdus* (pacte, accord, alliance) proviennent d'une même racine indo-européenne, *beidh-*, qui a donné aussi en grec *pistis* et qui suggère, d'une manière générale, l'idée de confiance.
Ma perception : croire en la raison d'être d'une expérience et non au hasard, au fait que la vie nous donne de merveilleuses opportunités pour aller à la rencontre de notre liberté d'être, de notre quintessence, vers une meilleure version de nous-même.

La foi… Il ne s'agit pas forcément de la foi religieuse, il s'agit aussi de la foi en la vie, de la confiance en elle, de ce qui peut nous porter, de l'espoir en la réalisation de nos rêves. Il y a toujours eu des hommes épris de liberté et capables de penser par eux-mêmes pour contester le monopole pris par la religion sur la foi. Libres à eux. Chacun choisit son chemin. On dit que la foi est un beau risque à courir. Croire en ce que l'on a choisi de croire sans autre assurance que ce que dit sa petite voix est peut-être l'une des plus pures expressions de la foi, car alors il faut croire en soi-même. Quelle belle croyance ! Tant de choses sont possibles. Croire que c'est impossible est le plus sûr moyen de ne pas sortir des carcans, de ne pas faire de vagues dans l'ordre établi. Mais nous pouvons sortir de cette zone de confort et croire en ce qui pourrait sembler impossible.

Mon élection en tant que Miss Belgique m'a confrontée au caractère limitant des projections des autres sur nous lorsqu'elles parviennent à nous faire croire que ce que nous voudrions possible est impossible. Si l'on remet en question les idées de l'autre, c'est lui qui se sent visé : ses peurs, ses croyances, ses doutes sont bouleversés. Pourquoi croire en l'autre plus qu'en soi, pourquoi ne pas avoir foi en soi ? Avant, j'étais souvent révoltée en pensant à l'éventualité que mon destin, mes envies et aspirations puissent être déterminées par les faits et gestes des autres. Je n'ai jamais voulu me conformer à ce que les gens attendaient de moi. Ainsi, je me suis toujours retrouvée là où l'on ne m'attendait pas. Le plus bel exemple est sans doute mon parcours professionnel. Durant près de quatre ans j'ai travaillé pour trois chaînes de télévision très différentes. Je voyageais entre Paris et Bruxelles, mon planning était très dense. Je commençais à fatiguer et je souhaitais me poser, travailler pour une seule chaîne afin d'investir mon énergie dans une seule direction.

Souvent, lorsque j'étais à bout de forces, je demandais à l'Univers de m'aider à me poser car je sentais que je n'allais pas réussir à tenir longtemps ce rythme, physiquement et mentalement. Et il a répondu à mon vœu : un jour, j'ai reçu une proposition pour mon premier contrat télé à durée indéterminée pour une chaîne, et pas des moindres : TF1. Pour la petite histoire, j'ai failli rater ce rendez-vous. C'était une période où j'avais choisi de me déconnecter des réseaux sociaux. La directrice des ressources humaines qui cherchait à prendre contact avec moi m'avait envoyé par Facebook un premier message que je n'ai pas vu. La providence a conduit cette personne à insister en me contactant par l'intermédiaire de mon site Internet. Et me voici aujourd'hui sur TF1 ! Ma foi se dirige vers l'Univers. C'est en lui que je place ma confiance, c'est à lui que je m'adresse. Chacun peut trouver ce en quoi il place sa foi : la religion, la vie, l'Univers, la nature.

« Avoir la foi, c'est monter la première marche lorsqu'on ne voit pas tout l'escalier. »

Martin Luther King

La foi, c'est la croyance en une connexion, un fil invisible qui nous relie tous à l'Univers, à ce qui nous entoure, à la source. J'ai souvent douté de cette connexion dans les moments les plus sombres de ma vie, et cette foi revenait lorsque les choses allaient mieux. J'étais alors remplie d'un sentiment de reconnaissance. Dans la culture ayurvédique[1], cette sensation est associée à l'ouverture du chakra[2] du cœur qui se rapporte à l'Amour. Il donne la capacité à accepter, à donner et à recevoir. La confiance ouvre aussi le chakra du plexus solaire, situé au niveau du nombril. C'est la première porte vers « Je sais ce que je souhaite accomplir dans ma Vie », c'est le centre de rayonnement.

Le plus difficile, et pourtant le plus apaisant, c'est de garder cette confiance même lorsque l'orage gronde, de ne plus douter, de faire en sorte que ce pilier contre lequel nous nous appuyons soit inébranlable. La vie m'a prouvé tellement souvent qu'elle veillait sur moi ! J'ai échappé à un grand nombre d'accidents en traversant la rue sans regarder si des voitures arrivaient. Mes voyages à l'autre bout du monde, toute seule, auraient pu mal tourner. Me baigner dans le Gange, le fleuve le plus pollué du monde, aurait pu m'apporter de sérieux problèmes de santé tout comme manger de la viande conservée à l'air libre au marché de Yaoundé au Cameroun. Ce sont peut-être des coïncidences ou de simples heureux hasards. Moi, je choisis d'y voir une protection divine.

« La vie m'a prouvé tellement souvent qu'elle veillait sur moi ! »

Et si nos pensées avaient aussi une réelle influence sur les événements ? Lorsque vous demandez quelque chose à l'Univers, il est fort probable que vous l'obteniez, alors soyez précis dans vos demandes. C'est le principe de la loi de l'attraction, du pouvoir de nos pensées sur notre réalité. À mon sens, ce pouvoir ne fonctionne que si la demande s'exprime comme un cri du cœur, comme un profond désir dont les racines ne résident pas dans le mental mais quelque part ailleurs, au-delà du rationnel. Pour le psychiatre Carl Gustav Jung, ces « hasards nécessaires » sont des synchronicités, une forme de réponse de l'Univers à un besoin, qu'il soit

1 Ayurveda : forme de médecine traditionnelle non conventionnelle originaire de l'Inde mais également pratiquée dans d'autres parties du monde.
2 Le terme « chakra » provient de la religion hindouiste pour faire référence aux centres de l'énergie contenue dans le corps humain.

exprimé consciemment ou qu'il soit inconscient. Cette conception est beaucoup plus naturelle en Orient qu'en Occident. C'est après la célèbre scène du scarabée que Jung développa sa théorie. Alors qu'il se trouvait un jour en consultation avec une patiente qui lui racontait un rêve où on lui offrait un bijou en forme de scarabée, une cétoine dorée se mit à taper contre la vitre du bureau. Jung ouvrit la fenêtre, saisit l'insecte et dit à la patiente médusée : « Le voilà, votre scarabée ! »

Demandez, vous aussi, avec sincérité, avec votre cœur. Dans les moments de détresse, toutes les barrières peuvent tomber : mental, arrogance... Alors, avec humilité, vous vous mettez dans les bras de la vie. Dans le calme, vous pouvez à tout moment rester dans cette énergie pour formuler vos demandes. La foi donne de la force, et peu importe en qui ou en quoi l'on croit. Elle peut donner un sens à la vie de celui qui est désespéré. Sur le continent africain, des millions de personnes tiennent face à l'adversité grâce à la foi. La foi n'empêche pas les révoltes contre les injustices, mais elle fait tenir debout, elle donne de l'espoir.

Ma tante aujourd'hui décédée était très croyante, elle a perdu son mari dans un accident de voiture alors qu'elle était très jeune et avait un enfant en bas âge. C'est sa foi qui lui a évité de perdre la tête. Ma grand-mère a vu la moitié de ses enfants décéder avant elle, mais sa foi lui a permis de tenir face à de telles épreuves. J'ai grandi dans une famille où la religion a toujours eu une grande place. Ma grand-mère paternelle était très croyante et pratiquante. Ma mère et moi allions chaque dimanche à la messe de 17 heures. Et chaque soir, elle et moi priions chacune de notre côté. C'étaient nos choix. Mon père, lui, avait une riche vie spirituelle. Il faisait des prières japonaises, avait son autel d'offrandes à ses ancêtres et transmettait de la lumière avec la paume de la main.

À trois reprises, des livres sont venus nourrir ma foi. *La Prophétie des Andes* de James Redfield m'avait été conseillé par mon père quelques mois avant son décès. J'étais allée passer quelques semaines avec lui alors que j'étais en pleine rupture amoureuse. Préoccupé par mon état, il m'a conseillé de lire ce livre, qui a été une porte ouverte sur le monde de la spiritualité. Il a en quelque sorte initié ma quête. Ce livre n'est pas celui qui m'aura le plus marqué mais il aura toujours une place particulière pour moi. Il constitue le fondement du legs de mon père, il matérialisait la transmission initiatique de sa spiritualité comme une ressource inépuisable que personne ne pourrait me dérober et qui m'accompagnerait toujours.

Ensuite, la mère de mes demi-frères m'a conseillé de lire *L'Autobiographie d'une yogi* de Yogananda. Je pense que ce livre m'a amenée à la méditation. Enfin, lorsque j'étais ambassadrice de Handicap International, un homme m'a fait envoyer le livre *Conversation avec Dieu* de Neale Donald Walsch. Cette lecture m'a donné un autre regard sur la foi et sur notre lien avec l'Univers.

Être pleinement conscient du fait que l'Univers conspire à vous rendre la vie plus douce et facile tout en vous dispensant ses enseignements vous conduit à réaliser que le monde est avec vous et non contre vous. Quelles que soient nos croyances et notre façon de manifester notre foi, si nous sommes dans le respect de soi et d'autrui, aucune manière n'est meilleure qu'une autre. Là aussi, prenez soin de choisir ce qui est bon pour vous, ce qui vous porte et vous guide.

L'intuition, cette petite voix, a souvent du mal à se faire entendre car elle est étouffée par les voix de la peur, de la honte, de l'ego. Pourtant, elle est un puissant guide qui ne se trompe pas. Exercez-vous à l'entendre, à vous y fier afin de lui donner l'espace nécessaire pour qu'elle vous apporte l'assurance que toutes les réponses résident déjà en vous.

L'AUTHENTICITé

Authenticité : qui exprime une vérité profonde de l'individu et non des habitudes superficielles, des conventions.
Etymologie : du latin *authenticus* : qui agit par soi-même.
Ma perception : la vérité ne s'offre à nous qu'à condition de la pratiquer avec nous-même. Elle demande courage et force. Alors seulement, elle nous couronne tel un roi ou une reine autrefois déchu.

Au nord du Chili, le désert d'Atacama est généralement considéré comme le plus aride du monde, ce qui en fait l'un des lieux les plus inhospitaliers de la planète et les moins propices à la vie. Pourtant, c'est dans ce royaume minéral que se produit l'un des phénomènes naturels les plus beaux sur la Terre. Tous les cinq à sept ans en moyenne, cet endroit devient le *desierto florido*, le désert fleuri. L'équivalent de plusieurs années de précipitations tombe en quelques heures, et 200 espèces de fleurs sortent du sol, dont 14 en voie d'extinction. Ces fleurs proviennent de graines, de rhizomes et de bulbes enfouis sous les zones arides du désert, en état de latence grâce à la couche de graisse qui les conserve depuis plusieurs années. La vie peut-elle être à l'image de ce désert, nous rappelant que, quelle que soit notre histoire, tout reste possible ? Au fond de votre cœur, vous savez que c'est le cas. Une petite voix, votre intuition, vous montre le chemin vers cette beauté, vers votre authenticité.

Après toutes ces années passées à plonger dans mes peurs, à essayer de débusquer mes blocages et mécanismes de protection, j'ai compris la valeur de l'intuition. S'alléger, élaguer, se dépouiller de maux ou de choses qui nous encombrent a pour seul but de nous connecter à elle, à ce que nous ressentons réellement, à notre vérité, à notre essence, à notre authenticité. Il existe une multitude de théories sur l'origine de notre mal-être, une multitude de thérapies, de régimes alimentaires, de techniques de « libération », de lectures, etc. Les chemins sont divers. Tous ne seront pas adaptés à notre quête : chacun doit suivre ce qui lui convient. Pour faciliter ce choix, pour qu'il soit le plus en adéquation avec nos besoins, il est fondamental de se connecter à cette petite voix qui nous montre la voie.

Il m'est arrivé de ne pas suivre mon intuition dans le domaine professionnel. Il y a près de douze ans par exemple, j'avais décidé de reprendre un magasin de vêtements. Je n'avais aucune expérience dans le domaine, ni dans la gestion de personnel. Assujettie à mon ego, j'ai négligé d'écouter mon intuition qui me chuchotait de ne pas tenter l'expérience. Moins d'un an après, j'ai dû fermer la boutique et trouver un emploi. En amour aussi, il m'est arrivé de sentir que la relation n'était pas juste mais de l'accepter par peur de la perdre. L'intuition a toujours raison. L'écouter renforce notre confiance en nous. À l'inverse, si nous l'ignorons, nous finissons par nous blesser. L'intuition nous maintient en accord avec qui nous sommes, avec notre authenticité.

Avec le temps, j'ai compris que chaque expérience qui venait sur mon chemin était là pour ouvrir mon monde et réveiller en moi des mémoires oubliées. Ainsi, j'ai appris à faire le tri et à quitter un sentier lorsque je constatais qu'il ne me convenait pas ou plus. Dans une société où tout doit aller vite, les questions sans réponse deviennent rapidement une source de stress, d'angoisse et de mal-être. On est vite tenté de s'accrocher aux personnes qui nous proposent des solutions toutes faites pour apaiser cet état de déséquilibre. Sans s'en rendre compte, on finit par confier les rênes de sa vie à un parfait inconnu. Or il est demandé à chacun d'entre nous de faire sa propre expérience afin de devenir une meilleure version de soi. L'autre est un phare qui peut nous éclairer temporairement, mais vient toujours un moment où nous sommes face à des choix que nous sommes seuls à pouvoir, et à devoir, prendre.

« Quand votre cœur est comblé, quand vous sentez que c'est la source de la gratitude, que vous avez cette dignité et que vous êtes en paix, vous, mes amis, en tant qu'êtres humains, vous prospérez. »

Prem Rawat,
Quand le désert fleurit… et autres graines de vie,
Éditions Leduc S., 2019.

En parvenant à rester authentique et à écouter notre intuition, nous pouvons espérer devenir à notre tour des phares temporaires, laissant la liberté à l'autre de trouver ses propres lumières.

En Inde, les gens reconnaissent la lumière en l'autre en le saluant, en joignant les paumes des mains devant le chakra du cœur, en fermant les yeux et en inclinant la tête. Le geste *Namasté* symbolise la croyance en une lumière divine présente en chacun de nous et située dans le chakra du cœur. Ce geste est un signe de reconnaissance d'une âme envers une autre âme. Et cette autre âme accueille l'honneur qui lui est fait. C'est un mélange de gratitude envers la beauté de l'âme et du monde, et de dignité, de respect envers ce que l'on mérite.

Beaucoup d'entre nous se sentent toujours gênés lorsqu'ils sont félicités, même lorsqu'ils pensent être dignes d'éloges. Il est parfois difficile de croire à la sincérité des paroles qui nous sont adressées. Nous sommes habitués à vivre dans un monde qui nous juge, où l'on remarque plus facilement nos erreurs que nos succès. Lorsque les gens étaient fiers de moi, il m'est arrivé d'en pleurer. Tous les barrages dressés pour contenir mes émotions cédaient, comme si je recevais un trop-plein d'amour dont je ne me sentais pas digne. Quand on me faisait des compliments, je ne savais plus où me mettre et je pouvais faire diversion, changer de sujet.

Tout cet amour que l'on me donne contraste tellement avec mon manque d'amour dans le passé, cet amour de ma mère partie qui a laissé un grand vide affectif… Un vide que j'ai inconsciemment tenté de combler par l'amour de l'autre, sur un plan familial ou amical. C'est durant ma quête que j'ai compris que nous avions d'abord à nous apporter cet amour à nous-mêmes, à faire preuve de gratitude parce que nous sommes en vie, à accueillir l'idée que nous sommes dignes, et dignes d'être aimé, que nous méritons cet amour.

« Aimez-vous suffisamment pour fixer des limites. Votre temps et votre énergie sont précieux. Vous enseignez aux gens comment vous traiter en décidant ce que vous acceptez et ce que vous refusez. »

Sandra Anne Taylor,
L'Influence secrète de vos vies passées,
Éditions Ada, 2013.

Parfois, nous oublions notre dignité, nous ne posons pas assez de limites. Nous tolérons plus que nous ne devrions et la peine est double : nous souffrons face à certains comportements et nous culpabilisons d'avoir laissé faire. Il m'est arrivé de couper les ponts avec des personnes assez brusquement, du jour au lendemain, pour me préserver. Ce n'était pas la seule solution mais à ce moment-là, je ne savais pas faire autrement. Il y avait des priorités, l'urgence à réparer ce qui était brisé en moi. M'éloigner de certaines personnes m'a permis de me protéger. Savoir dire non garantit notre intégrité. Je n'ai pas toujours osé formuler ce « non ». L'envie d'être aimée, la peur d'être abandonnée et rejetée m'a conduite à ne pas vouloir décevoir les autres, à dire oui, à accepter, alors que tout mon être voulait dire non. Je croyais ma peur plus forte que ma dignité.

L'autre ne porte pas toujours des énergies bénéfiques pour nous ou favorables à notre évolution. Nous devons préserver notre énergie, être à l'écoute de notre ressenti, sans jugement. Ceci est d'une importance capitale : si je m'évertue à remplir ma jarre d'une belle énergie, je dois essayer de garder cette jarre pleine. Parfois, certaines personnes, inconsciemment, nous vident de notre énergie parce qu'elles vont mal, parce que nous leur donnons trop, parce que nous ne nous écoutons pas. D'autres fois, nous donnons de nous tout en restant centrés, et alors nous nous remplissons de belles énergies. Choisir consciemment à quoi, à qui nous donnons notre temps et notre énergie est un enseignement bénéfique à l'ensemble de notre être. Les personnes qui nous entourent apprendront ainsi à apprécier notre présence authentique et ce que nous leur donnons. En posant un cadre, on apprend à prendre conscience de sa valeur. Poser des limites, c'est se respecter et respecter ce qui est important pour soi, ce qui contribue à son bien-être.

J'ai mis de longues années avant de m'écouter, d'apprendre à dire non lorsque ce n'était pas juste pour moi d'accepter une invitation par exemple, tout simplement lorsque j'avais envie de rester chez moi, de ne pas répondre au téléphone, d'être présente pour moi avant de l'être pour l'autre. La phrase qui suit illustre bien ce qui se passait en moi : « Ne fais pas aux autres ce que tu ne souhaites pas que l'on te fasse », ou

« Ne fais pas aux autres ce que tu ne souhaites pas que l'on te fasse. »

« Ne fais pas sentir aux autres ce que tu n'aimerais pas ressentir. »

plutôt : « Ne fais pas sentir aux autres ce que tu n'aimerais pas ressentir ». En disant non, j'avais l'impression de rejeter ou d'abandonner l'autre. C'est ce que je ressentais lorsqu'on me disait non, même avec beaucoup de regrets. Je projetais ma souffrance sur l'autre. J'acceptais des invitations et finissais même par décommander à la dernière minute : je décevais l'autre et me décevais moi-même, mais je ne savais pas faire autrement.

Le jour où j'ai compris qu'en faisant cela, c'était aussi moi que j'abandonnais, moi que je rejetais, moi que je n'écoutais pas, tout est devenu tellement plus serein, fluide, agréable. Eckhart Tolle l'explique dans son livre *Nouvelle terre*. Notre ego nous conduit à nous identifier à nos blessures, sans doute pour que nous nous protégions, mais nous ne nous réduisons pas à ce corps de souffrance. Comprendre que je n'ai pas à m'identifier à ce corps de souffrance m'a fait me désolidariser de ces peurs de rejet et d'abandon, sans les ignorer mais en les considérant comme ne composant pas l'ensemble de qui je suis. Les dysfonctionnements du mental nous font croire que nous nous réduisons au bruit émis par nos pensées. La liberté commence quand nous ne nous ne sommes plus focalisés sur ce bruit. Observons ces pensées sans jugement, avec gratitude puisqu'elles existent, avec amour aussi. La souffrance est une énergie qui habite notre mental et notre corps. Si nous l'observons, nous en devenons témoin, nous nous dissocions et nous libérons de cette illusion créée par notre ego. L'inconscient crée la souffrance, la conscience la transforme. La présence dans l'ici et maintenant en tant qu'observateur de la souffrance est un outil précieux.

Rester digne, c'est respecter son intégrité physique, psychologique et spirituelle. C'est mettre ses valeurs dans chaque acte et les reconnaître, et respecter l'autre dans ce qu'il est. Cette notion fait référence à une qualité censée inséparable de l'homme, et qui renvoie à l'idée que « quelque chose est dû à l'être humain du seul fait qu'il est humain »[1]. Cela signifie que nous méritons tous le respect. Nous avons tous le droit d'exister avec nos particularités et singularités. La dignité, c'est être libre et choisir qui nous sommes. Cette liberté d'être implique de se

1 Paul Ricœur.

détacher de l'envie, de la comparaison. Dans le bouddhisme, l'envie fait partie des poisons. Elle conduit à la tristesse. Avec les réseaux sociaux, nous sommes tentés de succomber à cette envie, d'imaginer que les autres sont plus heureux que nous. C'est une croyance. Nous passons tous par des moments de tristesse et de joie. La presse peut aussi déformer la réalité, renvoyer une image qui entretient la comparaison et l'envie.

Lorsque j'enviais l'autre, j'étais confrontée à mon déséquilibre, je cherchais mon bonheur chez lui en enviant ce qu'il était, ce qu'il avait, aveugle à qui j'étais. À l'inverse, j'ai pu sourire, sans envie, sans comparaison, en surprenant le bonheur d'amoureux croisés dans la rue. Ce sourire-là vient du cœur et nous remplit de gratitude, de bonheur, de lumière. Professionnellement, j'ai envié peu de gens. J'enviais plutôt leurs opportunités professionnelles. Avec le temps, j'ai compris que tout était juste. Chacun suit son chemin à son rythme et nous pouvons faire preuve de gratitude envers la vie pour tout ce que nous sommes. Avez-vous déjà ressenti cette intense chaleur au niveau de votre poitrine, suivie d'un apaisement, de la sensation d'être parfaitement à votre place ? Une vague d'amour, de reconnaissance qui semble faire fleurir votre cœur ? C'est ce que j'ai éprouvé dans ces moments de grâce, de gratitude.

Lorsque j'avais une vingtaine d'années, je m'endormais chaque soir en remerciant l'Univers pour ce qui m'était arrivé dans la journée. Au réveil, je le remerciais pour ma nuit de sommeil. Ma mère étant insomniaque, j'ai appris à apprécier ma chance d'avoir un bon sommeil. Un jour, je me suis rendu compte que cette ouverture du cœur dont j'ai parlé se faisait rare. Le problème semblait profond. La gratitude est comme la souplesse, il faut l'entretenir chaque jour afin de faire circuler l'énergie. Remercier ce qui existe et ce qui va exister, c'est reconnaître la beauté de la vie et avoir foi en l'avenir, qu'elle soit dans la merveilleuse synchronicité des événements ou dans des moments aussi simples qu'un rayon de soleil sur notre visage, un arbre en fleurs, une gorgée de thé vert.

On a tous besoin de reconnaissance. Ainsi la vie, elle aussi, apprécie la reconnaissance des clins d'œil qu'elle nous envoie. Elle saisira alors que vous avez compris son langage et continuera de communiquer avec vous. Apprenez à remercier, focalisez votre attention sur la beauté et non sur le négatif.

La gratitude est un sentiment spontané, un bonheur qui perdure, une

« Vint un temps où demeurer à l'étroit dans un bourgeon était plus douloureux qu'éclore. »

Anaïs Nin

reconnaissance teintée d'amour pour ce qui est. Cette gratitude, vous devez sans doute la ressentir par moments face à la nature ou face à certaines expériences, même difficiles à vivre. C'est exactement cela que j'ai ressenti à l'issue de mon expérience avec l'*ayahuasca*. C'est l'acte le plus fort et le plus effrayant que j'ai entrepris de vivre dans cette quête de guérison. La décision avait été prise voilà bien longtemps mais elle s'est concrétisée plusieurs années après. Cette expérience intime est très difficile à partager tant les mots sont pauvres pour restituer la densité et la complexité de ce que l'on vit lors de la connexion avec la *medicina ayahuasca*.

L'*ayahuasca* est une médecine qui agit à tous les niveaux : dans le corps, dans les émotions, dans le mental et dans l'esprit. Elle libère les émotions emprisonnées, permet de voir et d'être vu depuis une position extérieure à soi et favorise ainsi la guérison personnelle par la prise de conscience. Tout cela grâce à la bénédiction de la plante mère, la *Madre*. En aucun cas, la prise d'*ayahuasca* ne doit se faire sans la présence d'un initié, d'une personne totalement compétente. La communauté Shipibo, composée d'environ 24 000 personnes vivant dans plus de 110 communautés villageoises concentrées dans la jungle de Pucallpa, au Pérou, est connue pour les cérémonies de l'*ayahuasca* la plus ancienne, la plus traditionnelle et la plus vierge sur le plan commercial, même si cela a beaucoup changé depuis quelques années. Étant un psychotrope puissant qui peut être très dangereux, il est interdit dans de nombreux pays dont la France. Je suis donc partie à l'étranger afin de pratiquer cette cérémonie dans le cadre de la tradition chamanique Shipibo. Ces chamanes étaient capables de me guider suivant mes étapes de blocages, ceux qu'il nous est nécessaire de visiter, de découvrir. La *Madre* nous met en lien avec eux et cela peut faire émerger des émotions très douloureuses. Lors de ces expériences, on peut littéralement plonger dans l'enfer de ses pensées, de ses souvenirs et blessures, dans des ténèbres qui nous sont propres. La connexion avec nos parts les plus sombres, enfouies profondément en nous par protection, survie et/ou déni est très abrupte. La plante ne guérit pas mais nous met sur le bon chemin pour comprendre. C'est ce que j'étais venue chercher. Je souhaitais que le changement soit profond. Comment prétendre aux changements si l'on ne sait pas contre quoi on lutte ? Il faut avoir le courage de se confronter à ses démons.

Parler avec précision de mon expérience ne vous apporterait pas grand-chose, tout semblerait décousu et parfois dépourvu de sens ou d'intérêt. C'est une expérience très intime mais je vous livre un point important ici. En étant très bien accompagnée, cette pratique a permis à une personne dans le contrôle comme moi, très mentale, ayant du mal à facilement lâcher prise, d'y parvenir enfin. Une fois plus détendue, on arrive dans un état dit de « conscience modifiée » qui nous permet d'avoir accès à notre partie inconsciente, celle où nous avons enfoui tout un tas de souvenirs. Cette conscience-là est souvent le vrai pilote de nos émotions. Ceux qui auront déjà fait de l'hypnose ou de l'EMDR *(Eye movement desensitization and reprocessing)* pourront sans doute mieux saisir l'expérience. Parfois, nous refoulons des épisodes douloureux de nos vies qui sont à la genèse de tout un système de protection mais aussi de notre identité. On finit par s'identifier à ce mécanisme comme s'il était « nous » alors qu'en réalité cette identité est le fruit d'un ensemble d'éléments (dont les chocs émotionnels que nous avons vécus) qui ne nous identifient pas. Ces chocs peuvent être de nature très violente mais aussi plus anodine. Leur point commun, c'est l'empreinte négative qu'ils peuvent laisser. Avoir eu accès à une partie de mon subconscient a mis en lumière, entre autres, les fausses croyances qui m'habitaient et entravaient mon chemin vers mon épanouissement. Au retour de cette expérience, le fruit de ce travail ne s'est pas révélé tout de suite mais des mois plus tard. Il a d'abord fallu digérer cette dense introspection pour que les contours de ce travail émergent. L'invisible devenait enfin visible. L'*ayahuasca* ne guérit pas, il est l'intermédiaire qui nous permet de découvrir le visage de nos blessures, il est l'artisan qui nous invite à choisir le meilleur outil ou la meilleure arme pour lutter contre nos démons.

L'*ayahuasca* demande de l'humilité et du respect, son usage n'est en aucun cas « récréatif ». La plante ne s'ouvre à nous que si nous venons avec une intention claire, respectueuse. Et mon cœur s'emplit de gratitude lorsque je repense à sa façon de me guider vers la paix. Cette expérience fait partie des plus beaux cadeaux que je me suis faits pendant ma quête spirituelle.

Mais l'*ayahuasca* n'est pas le seul chemin vers la guérison : écoutez-vous, laissez-vous guider, choisissez ce que vous pensez être le mieux pour vous. Quel que soit le chemin que vous avez décidé d'entamer, il passera par la sincérité, celle qui fait que nous nous reconnaissons dans notre globalité. Une fois que nous acceptons de nous ouvrir à nos blessures, nous devenons dignes car nous ne cherchons plus à nous cacher. Suivra la gratitude pour chaque pas entamé vers le chemin de la libération. Cette gratitude jaillit souvent lorsque j'observe le chemin que j'ai parcouru. Partir en quête m'a aidée à passer d'un état inconscient où je subissais mes peurs, mes blessures, à un état de prise de conscience de leur existence et de la façon dont tout cela pouvait saboter ma liberté de penser, d'être et de vivre. Comprendre que mes choix, mes états d'âme avaient souvent pris racine dans mes maux a été le tout début du travail de libération. Mes blessures m'habitent encore mais elles contrôlent moins mes pensées, mes paroles, mes actes. Aujourd'hui je réagis moins et j'agis plus.

Quelles que soient les épreuves que vous traversez, je vous souhaite de croire, d'oser, d'avoir foi en vous et en la vie, de mesurer à quel point le temps agit, de développer vos qualités, votre intuition, votre authenticité. Entreprendre une recherche, une descente dans les profondeurs de son intériorité pour trouver l'essence de son être, passe par la découverte et l'affirmation de soi. Ce chemin n'est pas toujours aisé, vous l'avez lu, mais par l'introspection, nous pouvons accéder à une certaine connaissance de nos sentiments, de nos qualités, de nos défauts, de nos motivations et de nos convictions.

Le chemin peut commencer maintenant si vous le souhaitez, grâce à un choix d'outils, de clés qui m'ont été utiles et que je vous propose ici.

« Je vous souhaite, au fil du temps, seuls ou accompagnés, avec foi, authenticité, confiance et dignité, de prendre soin de vous.
Et surtout, n'oubliez pas, le meilleur reste à venir. »

LES CLÉS

« Certains changements vous sembleront négatifs en apparence, mais vous vous rendrez vite compte que cet espace est créé dans votre vie pour que quelque chose de nouveau émerge. »

Eckhart Tolle,

Le Pouvoir du moment présent : guide d'éveil spirituel.

Prendre conscience de mon mal-être et de mon incapacité à continuer à avancer ainsi fut l'élément déclencheur pour partir en quête, pour m'ouvrir à d'autres chemins. Ces sentiers, je les ai trouvés grâce à mes lectures, aux retraites, aux voyages, aux échanges, aux films. À chaque nouvelle expérience, j'explorais une partie cachée de moi, je faisais remonter à la surface de vieux cadavres, j'apprenais à comprendre qui j'étais non pas à travers l'identité que je m'étais construite, mais en explorant de quoi j'étais faite émotionnellement, de quoi se nourrissaient mes peurs afin qu'elles se désagrègent et n'aient plus autant de prise sur moi. Mon passé ne devait plus me figer dans l'être qui en découlait mais me permettre de transcender mes blessures. La spiritualité s'est révélée être la porte ouvrant toutes les autres. Elle continue d'en ouvrir aujourd'hui.

J'ai grandi avec une mère que j'accompagnais tous les dimanches à l'église. À ses côtés, j'ai appris à prier le soir avant de me coucher. Mon père, lui, avait une pratique spirituelle et m'a amenée dans un dojo, un lieu de recueillement où l'on méditait. Il avait chez lui un autel dédié aux ancêtres où il offrait de la nourriture en mémoire des personnes décédées. Ces univers m'ont tous deux fortement imprégnée, et je les garde comme un précieux héritage. Dans les moments les plus sombres de ma vie, cet héritage a été la seule lumière que je voyais au bout de longs tunnels.

La spiritualité n'a rien d'une vérité toute faite. Elle invite chacun à découvrir qui il est en profondeur. Ce n'est pas un système religieux. Elle nous amène à cultiver la confiance, à observer nos émotions, à nous rapprocher de qui nous sommes, au-delà de la personnalité que nous avons construite selon notre histoire, nos croyances, nos blessures, nos comportements, nos habitudes, notre culture, etc. Sommes-nous prêts à changer ? Sommes-nous prêts à nous laisser conduire sans savoir où nous allons ? Ou bien avons-nous de bonnes raisons de ne pas lâcher prise et de continuer à suivre nos habitudes ? Nous pouvons tous trouver des excuses et remettre à plus tard le fait de nous accorder plus d'attention. Nous pouvons ignorer nos émotions et nos sensations. Nous pouvons avoir peur de perdre ce que nous connaissons déjà. Nous pouvons même avoir peur de réussir lorsque nous sommes habitués à lutter pour survivre. Nous pouvons avoir peur de l'inconnu et préférer rester dans le connu même s'il n'est pas agréable. La liste de ces peurs est infinie. Et nous croyons ainsi que nous contrôlons toutes les circonstances de notre vie. Ces peurs sont compréhensibles, et je pense qu'il est bon de les accueillir tout en nous mettant à l'écoute de la petite voix qui nous indique une nouvelle direction à prendre. Si nous parvenons à cette acceptation, nous nous laissons conduire dans le courant de la vie.

« Sommes-nous prêts à changer ? Sommes-nous prêts à nous laisser conduire sans savoir où nous allons ? Ou bien avons-nous de bonnes raisons de ne pas lâcher prise et de continuer à suivre nos habitudes ? »

Le changement peut être la clé qui ouvre les portes de l'apaisement, de la sérénité. Nous pouvons toutefois être tentés d'y résister. Finalement, nous résistons quand nous refusons la confrontation avec les ressentis provoqués par ce qui se produit à l'intérieur ou à l'extérieur, quand nous les nions. Avez-vous remarqué que plus nous résistons, plus ce que nous ressentons prend de l'importance ? Cela vient d'une certaine symétrie de la nature : les forces n'existent toujours que par deux, et un corps ne peut exercer une force sur un autre corps sans subir en retour une force de ce dernier. Quand nous résistons à nos ressentis, peut-être subissons-nous leur force en retour ? Alors s'opposer, contrer, refuser, lutter, nier ne font qu'accentuer notre mal-être. La résistance bloque les énergies qui nous demandent d'aller vers un changement. Pourtant, les changements, les projets, les objectifs donnent un sens à nos vies. Nous le voyons bien dans le contexte actuel. Comment concevoir des projets à long terme aujourd'hui ? Nous ne sommes certains de rien. Nos projets à long terme sont laissés en sommeil au profit de projets à court terme, plus facilement réalisables : cuisiner, lire, regarder un film, passer du temps avec ceux que nous aimons...

Bien qu'il y ait eu beaucoup de changements dans ma vie, je suis encore parfois en proie à la résistance, mais j'ai conscience de l'impermanence de la vie, je sais que tout est toujours en mouvement. Aujourd'hui, si j'ai l'esprit contrarié au réveil, j'observe cet état. Je ne suis pas mon état, ni cette émotion. Je ne m'identifie pas à eux. Je ne les ignore pas non plus. Je cohabite avec cette émotion et je tente de comprendre d'où elle vient, quelle est sa racine. Parfois, le simple fait de comprendre me permet de m'apaiser. Parfois, ce n'est pas suffisant, alors je laisse couler – tout en restant consciente – pour que cet état ait le moins d'impact possible sur ma journée. Si la racine du mal n'était pas trop profonde, le lendemain est porteur d'une toute nouvelle énergie.

Le travail de développement personnel engage le corps, l'esprit, l'âme. Rien ne peut être laissé au hasard, même si la fréquence de vos pratiques peut être variable. On avance parfois plus vite à certaines périodes, dans certains domaines. Certains trouveront plus facile de cuisiner que de s'adonner à une séance de relaxation. Faites preuve de douceur envers vous, ce n'est pas un sprint mais une course de fond nécessitant des pauses. Être bienveillante envers moi-même m'a appris à admettre qu'il y a des périodes de vie où il faut juste accepter ce qui est, être dans le moment présent. J'insiste sur cette bienveillance car la société nous demande beaucoup et que nous sommes habitués à exiger tout autant de nous-mêmes. Alors ne vous forcez pas à faire ce qui vous fait violence. C'est mon petit coup de gueule du jour : vivre plus sainement, oui, mais avaler des algues à jeun après dix postures de yoga faites à la va-vite, rien ne vous y oblige ! Vous êtes le seul maître à bord, écoutez vos envies et vos besoins, faites-vous confiance. Offrez-vous des moments calmes et doux pendant lesquels vous vous faites du bien. Chaque jour, vous avez de multiples occasions pour cela : éteignez votre téléphone, prenez une bonne douche chaude avec un savon que vous avez pris le temps de choisir, allumez des bougies, écoutez votre musique préférée, cuisinez votre plat favori. Mettez de l'amour dans ce que vous entreprenez. Si vous avez le temps d'aller sur les réseaux sociaux, alors vous avez aussi le temps de vous occuper de vous. Faites preuve de douceur avec vous-même, écoutez-vous, prenez soin de vous.

Ces outils sont le fruit de mes expériences et je les partage avec vous tout en vous souhaitant de trouver aussi les vôtres.

QUELQUES MOTS SUR LES ÉMOTIONS

Nos émotions négatives sont comme des signaux qui nous indiquent que nous ne sommes pas ou plus en accord avec nous-même. Les écouter nous permet de recueillir des informations qui nous aident à mieux nous connaître. Les émotions sont en lien avec un besoin satisfait ou non. La joie, la tristesse, la peur sont produites en réaction à des signaux envoyés par notre cerveau. En étant attentif à la naissance de cette émotion, en écoutant nos propres ressentis, en prenant le temps de porter notre attention sur les circonstances qui ont fait naître cette émotion, nous pouvons découvrir le besoin qui lui correspond et trouver ce qui nous conviendra pour le combler.

« Quand on cesse de reconnaître ses émotions, on cesse de comprendre le sens de ses émotions. »

Nathaniel Branden

La peur de la solitude, la peur du vide, la peur de finir seule m'ont longtemps hantée. Peu consciente de cette crainte, j'ai tenté durant de longues années de combler ce vide par des relations amoureuses qui n'étaient pas les bonnes pour moi et par une vie sociale très active afin de ne pas me confronter à cette béance. En réalité, être seule nous confronte surtout à nous-même. Refuser de nous regarder en face nous empêche d'entendre cette voie intérieure faisant écho à la misère émotionnelle que nous vivons.

Cette réalité m'effrayait les rares fois où le silence m'envahissait. J'ai très longtemps préféré ignorer cette petite voix. Alors les signaux, comme les émotions, ont commencé à crier plus fort, jusqu'à me mettre à terre pour que je puisse enfin tendre l'oreille. Cette peur si forte venait d'un besoin viscéral d'être protégée, rassurée. Comprendre pourquoi j'agissais ainsi m'a soulagée, comprendre que ce vide qui me faisait si peur n'était en fait que le fruit d'un dérèglement lié à mon vécu m'a rassurée, comme par magie. J'intégrais ce fait : je n'étais pas mes émotions, elles étaient le fruit d'un drame familial imposé à moi et non choisi par moi.

« Je ne pouvais pas changer le passé, mais je pouvais influencer le futur en agissant dans le présent. Je n'étais déterminée que par mes pensées, mes paroles et mes actes. »

Je ne pouvais pas changer le passé, mais je pouvais influencer le futur en agissant dans le présent. Je n'étais déterminée que par mes pensées, mes paroles et mes actes. Cela m'a donné un grand sentiment de liberté. Je m'affranchissais de cette pensée déterministe, la croyance selon laquelle mon passé me figerait dans une fatalité.

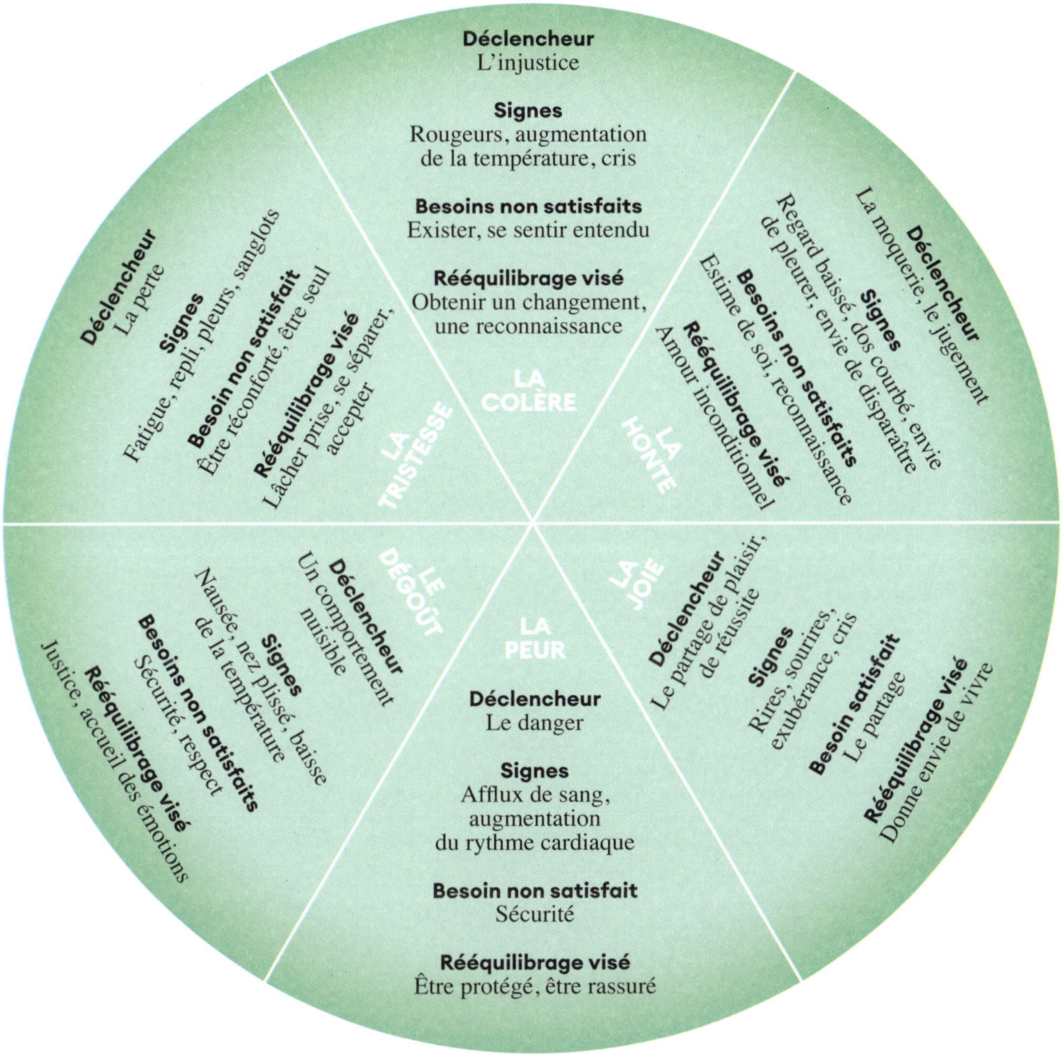

1 Robert Plutchik, professeur et psychologue réputé, a développé la roue des émotions dans les années 1980. Il voulait donner une représentation visuelle de la théorie psycho-évolutionniste.

Pour aider votre organisme à se rééquilibrer, concentrez-vous sur vos perceptions. Une émotion arrive. Comment faire avec elle ?

1. Observation

Prenez le temps d'observer ce que vous percevez avec vos cinq sens :
Quels sont les mots ? Les odeurs ? Les goûts ?

2. Sensations

Quelles sont vos sensations ? Ressentez-vous quelque chose dans votre corps ?

3. Pensées

Quelles sont les pensées associées à cette émotion ? Que vous dit votre petite voix ?

4. Émotions

Comment vous sentez-vous par rapport à cette situation ? Quelle est l'émotion que vous ressentez ?

5. Actions

Qu'avez-vous envie de faire ?

6. Besoins

Qu'est-ce qui est réellement important pour vous dans cette situation ?

7. Solutions

Quelles sont les solutions alternatives pour répondre à ce besoin ?
Pour quelle solution optez-vous ?

Pour illustrer ces propos, je prendrai un exemple me concernant. Dans le milieu où je travaille, on dit souvent qu'il y a beaucoup d'appelés et peu d'élus. Dans ce contexte particulier, mon manque de confiance en moi m'a conduite à éprouver de l'envie et de la jalousie vis-à-vis de collègues. À l'annonce de projets que j'aurais aimé porter et dont la présentation avait été confiée à d'autres personnes, mon estomac se nouait et un fort sentiment d'incompréhension me submergeait

(Observation et Sensation). La blessure de l'injustice me faisait souffrir (Pensée). J'avais envie de contacter le directeur de projets pour lui faire part de mon regret de ne pas avoir été choisie (Action). En réalité, ce qui m'aurait permis de mieux digérer la situation aurait été d'avoir eu la chance de passer le casting afin de prouver mes compétences (Besoin). Pour pallier ce problème, j'ai rencontré les personnes à qui exprimer mes ambitions professionnelles (Solution). Ensuite, j'ai lâché prise car j'ai compris que tout était juste. Je fais partie de ceux qui pensent que chaque chose arrive ou n'arrive pas pour une bonne raison. Et le temps m'a prouvé que chacun avait ses responsabilités : je maîtrisais une partie de la situation, et le reste dépendait d'une multitude de facteurs sur lesquels je n'avais pas la main.

Pratiquer ce petit exercice peut parfois paraître difficile. Pourtant, je vous garantis qu'il est efficace. Il vous prendra dix minutes. Se laisser submerger par la colère ou la peur peut vous prendre beaucoup plus de temps. Je vous conseille aussi la lecture de l'ouvrage de Louise Bourbeau, *Les cinq blessures qui empêchent d'être soi-même*[1]. Ce livre vous aidera à identifier les émotions auxquelles vous êtes le plus sensible selon les blessures dominantes à partir desquelles vous vous êtes construit. Il m'a beaucoup aidée à comprendre mes fonctionnements. À 16 ans, je suis soudain devenue le seul maître à bord dans ma vie. Je devais tout faire seule, tout maîtriser afin que rien ne m'échappe. Ma mère est morte et j'ai perdu le contrôle. Pour survivre, j'ai mis en place cette croyance : si je contrôlais tout, alors je ne souffrirais plus. Risquer de perdre à nouveau quelque chose m'était insupportable et me renvoyait à ma principale blessure : celle de l'abandon. Je l'ai découverte en lisant ce livre. Ce qu'elle décrivait était tellement évident, tellement limpide. Le contrôle est avant

« Pratiquer ce petit exercice peut parfois paraître difficile. Pourtant, je vous garantis qu'il est efficace. Il vous prendra dix minutes. Se laisser submerger par la colère ou la peur peut vous prendre beaucoup plus de temps. »

1 Lise Bourbeau, *Les cinq blessures qui empêchent d'être soi-même*, Pocket, 2013.

tout un mécanisme de défense qui exprime un besoin de protection émotionnelle et affective. J'étais dominée par la peur. J'étais hyper-vigilante à la suite du traumatisme qu'a été pour moi le décès de ma mère. Il m'a conduite à me fermer. En croyant tout contrôler, j'avais l'impression d'agir et non plus d'être potentiellement en situation de subir une nouvelle douleur, un nouvel abandon, un nouveau vide.

Quand j'ai lu ce livre, j'ai compris toutes les réactions et croyances que je viens de décrire. J'ai alors pu commencer à dissoudre certains de ces mécanismes et à avancer vers d'autres directions plus sereines pour moi.

Ces quelques bases concernant la gestion des émotions sont un premier pas vers un meilleur équilibre. En développement personnel, on considère que toute personne est constituée d'un corps (c'est notre vie physique), d'un esprit qui pense (c'est notre vie psychique) et d'un niveau plus profond que l'on pourrait appeler « la petite voix », la voix du cœur, l'âme (ce qui n'est pas accessible par les cinq sens ou la pensée). Ces dimensions constituent l'individu, forment un tout. Le corps et l'esprit sont en interaction permanente. Le cerveau, les pensées, les croyances influencent le fonctionnement du corps. Nos émotions induisent des modifications à tous les niveaux. Depuis la fin des années 1950, on reconnaît que les émotions dites négatives comme la peur ou la colère entraînent des effets néfastes sur le corps. On mesure aussi les bienfaits des émotions positives. Pour une meilleure harmonie, il est indispensable de prendre soin de son corps, de son esprit et de sa petite voix. Les outils que je vous propose ont pour but de vous aider à prendre soin de chaque partie de vous, avec douceur et bienveillance.

« TU PEUX CHERCHER
L'UNIVERS ENTIER POUR TROUVER
QUELQU'UN QUI MÉRITE AUTANT
TON AMOUR ET TON AFFECTION
QU'EN TOI-MÊME.

TU NE TROUVERAS
CETTE PERSONNE NULLE PART
AILLEURS QU'EN TOI.

TU ES CELUI OU CELLE
QUI MÉRITE TON AMOUR
ET TON AFFECTION PLUS QUE
N'IMPORTE QUI D'AUTRE
EN CE MONDE. »

Gautama Bouddha,
Canon pali.

PRENDRE SOIN DE SON CORPS

« C'est à travers l'alignement de mon corps que j'ai découvert l'alignement de mon esprit, de mon Être et de mon intelligence. »

Sri B. K. S. Iyengar,
Bible du yoga.

Un jour, je suis tombée sur cette phrase du maître de yoga Iyengar : « Mon corps est mon temple. » Ces mots ont été un déclic. J'ai réalisé que je manquais terriblement de douceur envers ce corps qui me portait. Je l'ai vu pendant de longues années comme une machine utile pour m'amener d'un point A à un point B et qui devait toujours briller, être beau. Aussi loin que je me souvienne, j'ai toujours été préoccupée par mon physique. À la préadolescence, je portais de longs pulls pour cacher mes fesses, je mangeais des pommes vertes à 10 heures car je savais que ça ne faisait pas grossir, et je culpabilisais lorsque je mangeais trop gras ou sucré. Je rêvais même d'un piercing à la langue car j'avais lu que l'on perdait du poids : on devait manger à la paille pendant une semaine…

Comme de nombreuses femmes, ma mère était pleine de paradoxes. Elle était gourmande et ne se privait pas mais se préoccupait quotidiennement de sa cellulite. Elle m'a transmis ce regard très critique posé sur mon corps. Elle n'était pas la seule à me le transmettre. Nous nous promenons dans la rue et notre regard croise les photos de femmes « parfaites », à la peau lisse et au corps galbé. Nous devons être des femmes belles et sensuelles, des mères ainsi que des femmes qui s'épanouissent dans des carrières enrichissantes. Bien que les mœurs aient évolué, la pression reste grande et il n'est pas facile de réussir à s'affranchir de ce genre d'exigences : nous sommes souvent les premiers à en faire preuve envers nous-même, bien plus que ne le font les autres à notre égard.

Participer à l'élection de Miss Belgique a été un choix délibéré et l'aventure aura été proche du conte de fées, mais elle a renforcé mon exigence envers mon corps. Au Cap-Vert, les femmes sont pulpeuses, elles ont de la cellulite et, même si elles en parlent beaucoup et tentent de l'éliminer, elles portent des mini-bikinis et assument leur corps. Je me sentais suffisamment bien dans ma peau pour participer à l'élection de Miss Belgique mais soudain, j'ai pris conscience du fait qu'avoir des hanches plus rondes était associé à une forme de disgrâce plutôt qu'à un joli symbole de fertilité. Ma poitrine aurait pu être plus généreuse, mes cheveux encore plus longs, plus volumineux, etc.

Tout cela me rappelle un documentaire, *Embrace*[1]. La réalisatrice interrogeait des mannequins sur leur rapport à leur corps. Toutes, même celles qui pourraient être qualifiées de parfaites, même celles qui faisaient fantasmer les hommes par millions, toutes trouvaient à redire sur ce corps. Le regard que l'on pose sur soi est d'une importance capitale : on peut être sublime et ne pas le voir, on peut ne pas faire partie des canons de beauté (qui ne devraient pas exister) mais se trouver belle et... l'être. Et simplement, si nous ne nous aimons pas assez, alors il y a quelque chose à changer.

C'est grâce aux femmes du Cap-Vert que je lâche prise petit à petit. Je tente de déprogrammer les images des canons de beauté, j'apprends à m'accepter, à aimer peu à peu les parties de mon corps qui me posaient problème avant : mes genoux, ma cellulite. Oui, j'ai de la cellulite et non, je n'ai pas la même tête dans la vraie vie qu'à la télé (où je parais d'ailleurs très grande alors que je ne le suis pas). Je ne me plains pas de ce que je suis, au contraire, et je remercie mes parents régulièrement pour ce que j'ai hérité d'eux, mais je suis loin d'être la femme que vous voyez en photo ou à l'antenne. Le maquillage, les tenues, les coiffures me donnent une allure différente et, certains jours, une forme d'assurance alors que je ne suis pas en forme.

Prenez aussi conscience des messages que vous envoyez à votre corps, car vos pensées ont un impact sur lui. Vous avez sûrement entendu parler de cette expérience de Masaru Emoto : dans les années 1990, il a photographié des milliers de cristaux et découvert que l'eau pouvait imprimer toute information avec laquelle elle avait une interaction. Les photographies de Masaru ont montré

1 *Embrace*, documentaire réalisé par Taryn Brumfitt, produit par Taryn Brumfitt et Anna Vincent.

que les molécules d'eau subissaient l'influence de nos paroles et de nos pensées. Leur structure pouvait aussi se transformer avec la diffusion de musique ou les mots qui leur étaient adressés. Ces recherches ont conduit le docteur Emoto à définir le concept du *hado* qui, en japonais, signifie « onde en mouvement ». Ainsi, tout ce qui existe sur Terre aurait une vibration positive ou négative, et l'eau serait particulièrement sensible à ces vibrations.

Emoto a constaté que l'eau exposée à la vibration de musique classique ou de mots bienveillants faisait apparaître des formes géométriques complexes, brillantes, harmonieuses, semblables à des flocons de neige, alors que l'eau exposée à la pollution, à la haine ou à des musiques violentes produisait des motifs asymétriques aux couleurs ternes. Sachant que l'eau représente 60 % de la masse corporelle d'un adulte, imaginez l'influence de nos pensées sur notre corps, ses molécules, sa santé physique et mentale. Alors, encore une fois, soyez doux avec vous-même. Habitez votre corps, soyez présents ici et maintenant.

Lorsque nous nous laissons aller à nos pensées, nous nous éloignons de ce que nous ressentons et de ce qui se passe autour de nous et en nous. Nous sommes toujours soit dans le futur à penser à ce qui va arriver, soit dans le passé à le ressasser. Alors revenez à votre corps, à vos sensations, à votre respiration. Nous trouvons souvent des excuses pour ne pas nous occuper de notre corps. Pourtant, nous trouvons du temps pour bien d'autres choses plus futiles.

Prendre soin de soi et de son corps commence dès le réveil : prenez le temps de laisser le corps émerger. Avez-vous observé les chats après leur sieste ? Ils s'étirent lentement, ils prennent le temps de passer de l'état de sommeil à l'état de veille. Si vous allumez votre téléphone dès que vous ouvrez l'œil, quand laissez-vous le temps à votre corps de se réveiller tranquillement, sans autre information que celle-là : je me réveille ? Prendre quelques minutes pour se connecter à ses sensations corporelles peut vous faire du bien et

> *« Avez-vous observé les chats après leur sieste ? Ils s'étirent lentement, ils prennent le temps de passer de l'état de sommeil à l'état de veille. »*

vous aider à vous souvenir de vos rêves et de la nuit que vous avez passée : a-t-elle été réparatrice ? Avez-vous bien dormi ?

Le matin, avant de poser un pied hors du lit, je remercie l'Univers pour la nuit passée et pour la journée qui s'annonce. Je lis également chaque matin, au lit, le texte du jour de *La Petite Voix*[1] d'Eileen Caddy. C'est une inspiration qui me nourrit et m'aide à être plus consciente durant la journée. À l'inverse, se connecter à son téléphone tôt le matin peut plonger dans le stress dès le réveil si, par exemple, l'on tombe sur un mail désagréable de son boss ou une mauvaise nouvelle sur les réseaux sociaux. Offrez-vous un moment, une porte d'entrée dans cette nouvelle journée avant de plonger dans le quotidien où l'on a plus souvent l'impression de subir que d'être aux commandes. Choisissez votre réveil et non celui que l'on vous impose.

LE YOGA

Le yoga n'est pas une gymnastique, c'est une discipline apparue en Inde il y a plus de cinq mille ans. Le mot « yoga » vient du sanskrit « Yuj » qui signifie unir, atteler, mettre ensemble. Le yoga est à la fois union et mise au repos. Il peut être défini comme une mise en arrêt du souffle ayant pour but la mise au repos du mental. Il s'agit de relier les différentes parties de son être : physique, énergétique, émotionnelle, mentale et spirituelle. La finalité est de trouver un équilibre et une harmonie en soi-même, mais aussi avec l'environnement. Les techniques employées utilisent des postures physiques (*asanas*), des pratiques respiratoires (*pranayamas*) et de méditation, ainsi que de la relaxation profonde (*yoga nidra*).

Je me souviens m'être moquée de mon père qui faisait régulièrement ses exercices d'étirement. Aujourd'hui, je me rends compte à quel point il avait raison : quinze minutes suffisent à se sentir mieux, à réveiller le corps pour le préparer à la journée qui l'attend. Le yoga ramène au calme, à la souplesse, facilite la circulation des

1 Eileen Caddy, *La Petite Voix*, Le Souffle d'or, 2006.

énergies. N'hésitez pas à faire un cours d'essai avec plusieurs professeurs jusqu'à trouver le type de yoga qui vous convient et le professeur adéquat. Et surtout, faites une séance d'essai avant de vous lancer dans la pratique. Certains *asanas* (les postures) peuvent être contre-indiqués à votre état de santé. J'ai récemment appris *Sirsanana*, la posture sur la tête, et je me suis rendu compte de l'importance d'être bien accompagnée pour bien la comprendre et ne pas me blesser.

N'oubliez pas de respirer : toutes les postures vont de pair avec un rythme respiratoire à respecter. Ne restez pas en apnée ! Ce qui différencie la pratique des *asanas* d'autres activités physiques, c'est cette attention que l'on porte à la respiration. Porter son attention sur la respiration permet de calmer l'esprit, de se connecter à soi-même.

J'ai sélectionné pour vous les postures que je préfère mais, encore une fois, ne vous forcez pas. Certains jours, vous aurez envie de faire du yoga, d'autres non. Acceptez-le et écoutez-vous.

« Laissez-vous silencieusement attirer par la force étrange de ce que vous aimez vraiment. Elle ne pourra pas vous égarer. »

Rûmi

Si vous préférez avoir des explications filmées, vous trouverez facilement sur Internet des vidéos vous expliquant pas à pas les postures. Pensez aussi à vous procurer un bon tapis qui favorise la sensation d'être relié plus facilement au sol, permet de le ressentir durant la réalisation des postures, et surtout de ne pas glisser.

Soleil et lune représentent respectivement le principe masculin et le principe féminin. Ils sont la polarité basique du Hatha Yoga, (le type de yoga le plus répandu en Occident). Le yoga englobe les salutations au soleil et à la lune pour permettre une harmonie parfaite. Je vous propose donc les deux salutations, à la lune et au soleil. Il faut reproduire cinq fois de suite la salutation choisie. Mais si vous avez peu de temps ou si vous débutez, vous pouvez vous contenter de une à trois fois.

Chandra Namaskar : la salutation à la lune

Les salutations à la lune ont un effet très apaisant sur le corps mais aussi sur l'esprit. Elles apprennent à être attentif et réduisent le stress. Si les salutations au soleil procurent de la chaleur, les salutations à la lune refroidissent le corps. Les salutations au soleil activent l'esprit logique. Les salutations à la lune apportent la créativité. Elles améliorent la circulation sanguine, activent la glande surrénale, qui joue un rôle essentiel dans le contrôle de la tension artérielle, et la glande thyroïde, qui produit des hormones facilitant le travail des cellules et intervenant à tous les niveaux de l'organisme (le cœur, les yeux, les muscles, le cerveau…), travaillent sur l'ouverture de la cage thoracique et nettoient les poumons. Ces *asana*s peuvent beaucoup aider à soulager les douleurs liées à la menstruation.

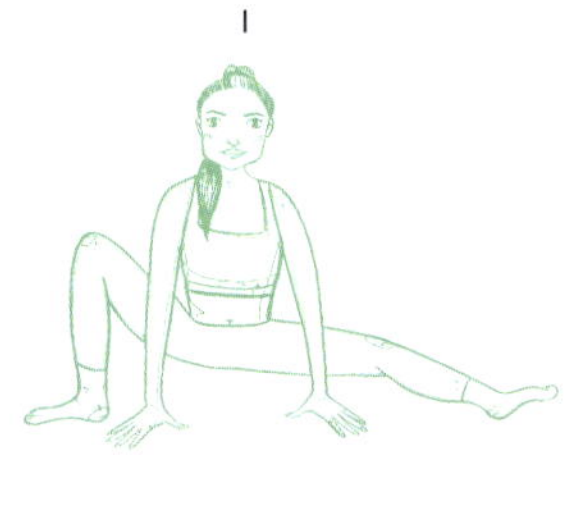

E = Expirez

I = Inspirez

E = Expirez

I = Inspirez

Sūrya Namaskar : la salutation au soleil

Chaque position crée une alternance entre « tête en haut » / « tête en bas », « dos rond » / « dos cambré », ce qui a pour effet de faire circuler le sang dans le corps. L'exercice mobilise la plupart des parties du corps. Il existe de nombreuses variations de la salutation au soleil, plus ou moins difficiles. Je vous propose la plus simple.

Les salutations au soleil favorisent l'élimination des toxines, assouplissent et renforcent les muscles, réveillent en douceur l'énergie, dynamisent l'esprit, stimulent les organes vitaux, tonifient le système digestif et induisent la détente avant de commencer la journée.

E = Expirez

I = Inspirez

Salamba-Kapotâsana : la posture du pigeon

J'aime particulièrement cette posture : elle me redonne de l'énergie et me libère de mes émotions. Elle agit sur le chakra sacré, étroitement lié aux émotions, aux désirs et à la créativité. Elle permet d'ouvrir les hanches, reliées au cerveau par le biais de notre système nerveux périphérique. Notre cerveau est programmé dès la naissance pour envoyer des signaux rapides et efficaces à cet endroit de notre corps. La rapidité de cette connexion garantit notre survie. Si par malheur nous tombons étant bébé, les muscles fléchisseurs des hanches doivent pouvoir se contracter instantanément pour que nous puissions adopter une position fœtale, genoux vers la poitrine, protégeant ainsi nos organes internes. À mesure que nous grandissons, les muscles des hanches sont toujours parmi les premiers mobilisés en cas de danger, que ce soit pour fuir, combattre ou adopter une position de repli. En cas de traumatisme ou de stress, notre réflexe est de contracter les muscles fléchisseurs des hanches, et cela même si la situation ne requiert ni la fuite ni le combat. Le problème, c'est que nous ne les décontractons pas. Cette relation entre état de stress et mobilisation des hanches peut expliquer notre tendance à stocker des émotions réprimées à cet endroit. Il est donc important de détendre et d'ouvrir ces parties de notre corps. La posture du pigeon est idéale pour cela.

Cette posture étire les cuisses, ouvre les hanches, stimule les organes abdominaux. Elle ouvre aussi la poitrine et libère les émotions refoulées. On m'a récemment offert un jeu de cartes avec différents *asanas*[1]. Laissez l'Univers agir en tirant plusieurs cartes selon votre envie. Vous aurez ainsi l'occasion de pratiquer un enchaînement de postures. C'est une autre manière d'aborder le yoga au quotidien en complément des cours que vous suivez.

1 Cartes de 52 poses de yoga pour débutants, Luckies of London.

LE DO-IN

Je l'ai découvert au fil de mes lectures, nombreuses lors de ma quête. Je l'ai un peu délaissé après l'avoir pratiqué avec bonheur. Parfois l'on passe à d'autres besoins, d'autres découvertes. Si l'on mangeait des fraises tous les jours, on s'en lasserait. Si l'on pratique tous les jours, on peut se lasser. Laissons-nous lâcher, prendre d'autres directions et redécouvrir plus tard. L'occasion se présente pour moi aujourd'hui grâce à ce livre.

« Dôin, 導 引» est un terme qui désigne « un ensemble de pratiques destinées à faire circuler l'énergie dans tout le corps au moyen de respirations ou de mouvements ». La culture japonaise pousse chacun de ses membres à s'accomplir personnellement dans une voie que l'on appelle communément le zen. La voie du zen peut être trouvée de différentes manières en fonction des affinités et du souhait de chacun : *ikebana* (art floral traditionnel), pratique de l'estampe japonaise, etc. Toutes ces pratiques favorisent l'épanouissement des individus.

Quand on a pris un coup physiquement ou que l'on est soucieux, on se frotte, on se masse, on se gratte soi-même, naturellement, sans y penser. À partir de ce réflexe, les Chinois de l'Antiquité ont observé que la stimulation ou la dissipation par soi-même de sa propre énergie était dans l'ordre des choses puisque ces gestes restauraient notre état normal…

Le Do-In est un ensemble d'exercices japonais basé sur la médecine orientale : étirements, exercices respiratoires, relaxation au sol, etc. Les étirements de base s'exercent sur les méridiens, améliorant le passage de l'énergie. Chaque étirement de base s'applique à deux méridiens spécifiques.

MARCHER

J'adore marcher, où que je sois. Ces moments me permettent de m'ancrer dans le moment présent, de faire taire mes pensées, de respirer et souvent de trouver des solutions à mes problèmes. C'est un rituel qui m'est très bénéfique, et il est à la portée de tous. Même si vous habitez en ville, sortez dix minutes, loin de votre téléphone et de votre ordinateur. Marchez, tout simplement.

RESPIRER

Nous respirons sans même y penser. Le souffle est toujours présent chez tout être vivant. Porter son attention sur la respiration permet notamment de calmer l'esprit, de se connecter à soi-même et de ressentir une paix intérieure qui mène vers la spiritualité.

Une grande majorité de gens respire mal, sans le savoir. Cela vient de ce qu'il n'y a aucune conscience de la respiration, qu'il s'agit juste d'un geste mécanique, une inspiration suivie d'une courte expiration, sans contrôle. Pourtant, avoir conscience de sa respiration, et même la contrôler, apporte des bénéfices à notre santé et à notre bien-être.

Revenons un instant aux émotions. Quelle est la première chose que vous êtes tenté de dire à un enfant qui panique ? « Respire ! » Le fait de revenir à une respiration calme avec de longues inspirations et de longues expirations conduit à retrouver son calme assez rapidement.

Prenez le temps d'apprendre à respirer : allongez-vous sur le dos, une main sur le ventre, l'autre sur le cœur, et observez quelle partie est la plus rigide ou, au contraire, à quel endroit vous avez l'impression de mieux respirer. Le ventre ? La poitrine ? Essayez d'accorder la longueur de l'expiration à celle de l'inspiration. Familiarisez-vous avec votre souffle, car avant toute chose, se connecter à sa respiration, c'est se connecter à soi.

DÉTENDRE SON CORPS

Mon corps a été beaucoup sous tension, en état d'alerte permanent, sur le qui-vive. Avec le temps, j'ai compris que je devais prendre soin de lui avec la relaxation, le laisser vivre sans le mettre sous pression. Je prête plus attention à mes sensations aujourd'hui. Cela passe par la méditation pour la tranquillité du mental, la respiration pour la fluidité de l'énergie, l'alimentation pour le bien-être physique mais aussi par les matières des vêtements que l'on porte. Un coton laissera davantage respirer notre peau que de l'acrylique.

Les couleurs qui nous entourent peuvent aussi nous détendre. Lorsque nous voyons une couleur, les sens s'activent : l'information visuelle est transformée en signal électrique, puis transmise au cerveau. En fonction de la teinte perçue, celui-ci sécrète un des messages qui vont agir sur l'organisme. Ainsi, le rouge stimulerait l'esprit et donnerait de l'énergie, le jaune de la joie de vivre, le rose de la bonne humeur, etc.

Je vous propose un exercice pour passer de la théorie à la pratique. Il éveille l'imagination, permet de se détendre, de prendre contact avec soi, de s'apaiser.

L'exercice du sable chaud

Cet exercice se pratique couché. Imaginez que votre corps est très lourd et s'enfonce doucement dans du sable chaud…

1. Étendez-vous, dos à plat sur le sol.
2. Étalez votre corps largement.
3. Respirez doucement, avec le ventre.
4. Fermez les yeux.
5. Imaginez à présent que votre corps est en plomb et s'enfonce doucement dans du sable chaud.
6. Votre corps est lourd, lourd, lourd… Enfoncez-vous dans ce sable chaud qui vous accueille et vous entoure agréablement, en épousant étroitement la forme de votre corps.
7. Respirez doucement, profondément.
8. Sentez partout autour de vous comme le sable vous soutient et vous berce.

9. Respirez doucement, profondément, avec le ventre… Doucement, le sable vous berce dans sa douce chaleur, vous vous confiez à lui…
10. Et maintenant, ouvrez les yeux pour revenir ici et maintenant, doucement.
11. Roulez sur le côté et asseyez-vous.
12. Relevez-vous doucement.

BIEN SE NOURRIR

« Que l'alimentation soit ta première médecine. »

Hippocrate

Sur le chemin de ma quête spirituelle, l'alimentation était un sujet récurrent. Durant mes retraites, je mangeais végétarien, et l'alcool était proscrit, ainsi que le sucre et le gras. Lors de mon voyage à Bali, l'endroit où je logeais proposait uniquement des plats végétariens et vegan.

Dans mes lectures aussi, très souvent il était question de l'importance de prêter attention à son alimentation. J'ai parlé de cette phrase qui revenait souvent : « Mon corps est mon temple. » J'ai donc fini par m'y intéresser afin de comprendre un peu mieux comment mon corps fonctionnait. Mais j'ai surtout commencé à observer mon corps. J'ai alors saisi qu'il était crucial d'être connecté à soi. Pour moi, être connecté à soi est la clé de l'équilibre.

Aujourd'hui, nous sommes complètement déconnectés de notre corps. Nous avons peu de notions sur son fonctionnement et sur les liens entre un symptôme physique et notre alimentation. Les vidéos de la naturopathe française Irène Grosjean, la vision de Martine Fallon sur le fonctionnement de notre corps par l'intermédiaire de notre alimentation ou des livres comme *Le Charme discret de l'intestin*[1] ont contribué à changer ma façon de me nourrir.

J'ai commencé à changer mes habitudes peu à peu et à mettre en pratique ce que j'apprenais au fil de mes lectures et recherches. J'ai éliminé un maximum de produits industrialisés pour revenir à l'essentiel : une alimentation simple, essentiellement des produits frais. Il m'arrive de faire des écarts. N'allez pas vous imaginer que je mange tous les jours mes cinq fruits et légumes, que je ne saute aucun repas, que je suis végétarienne ou que j'ai renoncé au gras et au sucré. Je ne suis pas parfaite. Vous ne l'êtes pas non plus. Et tant mieux. Tout est une question d'équilibre.

L'idée principale est de faire simple et efficace. Pour cela, il est important de s'organiser, de consacrer un peu de temps à mettre une routine en place. Souvent, les gens décident d'utiliser un produit parce que l'on en parle beaucoup dans les médias et qu'il est à la mode. Ils se ruent sur ce super-aliment sans vraiment savoir ce que c'est, ni s'il est adapté à leur métabolisme. Ces personnes – dont je fais partie – finissent par manger quelque chose par mécanisme d'identification, par mimétisme et non par conviction, donnant leur pouvoir à l'autre au lieu d'être les maîtres de leur santé. Se connecter à soi, c'est aussi sentir intuitivement ce qui nous convient. Dans notre société, tout doit aller vite. Si je suis fatiguée, je veux un aliment ou un complément alimentaire qui me boostera en quelques jours. J'attends des résultats immédiats, sans laisser les choses se mettre en place peu à peu.

On me demande souvent si je prends un petit déjeuner. Je le fais depuis trois ans. C'est l'aventure de *Danse avec les stars* qui m'a fait découvrir l'intérêt de manger le matin afin de tenir durant toute une journée d'entraînement. Aujourd'hui, je mange le matin uniquement si j'en ai envie. Nous sommes tous différents, et chacun a son métabolisme. Notre mode de vie diffère également. Il est donc illusoire de proposer un régime alimentaire qui conviendrait à tous. Le plus simple est de vivre sa propre expérience et d'écouter son corps, car il parle sans cesse. À force de l'écouter, on finit par le comprendre et lui donner ce qui lui convient, et l'on peut même faire des écarts conscients qui n'auront que peu de conséquences sur nous. Ou prendre du plaisir sans culpabiliser.

---

1 Giulia Enders, *Le Charme discret de l'intestin*, Actes Sud, 2017.

Si vous souhaitez changer votre alimentation et que vous n'avez pas de contre-indications particulières, choisissez durant une semaine d'éliminer tout aliment transformé industriellement. Choisissez de bonnes bases : fruits et légumes frais de préférence, fruits secs, protéines animales en quantités raisonnables, protéines végétales (haricots, fèves, lentilles, etc.), boissons végétales, un peu de fromage (préférez ceux au lait de chèvre et de brebis provenant idéalement de petites productions).

Il vaut mieux ne pas manger trop de féculents, et l'on choisira la patate douce plutôt que la pomme de terre (que j'aime trop), le pain de petit épeautre au pain de seigle. Les féculents font partie intégrante d'une alimentation équilibrée à condition de respecter des règles simples. Privilégiez la qualité, surveillez les quantités. Les féculents ne font pas grossir si on fait attention aux quantités et aux aliments qui les accompagnent. N'oubliez pas de varier tout en vous tenant à des recettes simples. J'aime beaucoup les livres de Pascale Naessens qui nous invite à aller dans ce sens et nous propose de cuisiner avec quatre ou cinq ingrédients maximum. Entourez-vous de spécialistes dont la connaissance sera précise et adaptée à votre cas. Cela vous aidera aussi à tenir vos engagements plus facilement.

« Elle invite ses patients et lecteurs à prendre conscience des bienfaits de l'alimentation crue. »

Quelques références en nutrition

IRÈNE GROSJEAN[1] est un jour venue sur mon chemin pour me faire prendre conscience de l'importance de l'alimentation vivante. Irène est docteur en naturopathie depuis 63 ans. Elle invite ses patients et lecteurs à prendre conscience des bienfaits de l'alimentation crue. Je n'en suis pas à manger exclusivement cru tous les jours, mais tous mes plats sont composés d'aliments vivants, et je me suis progressivement sensibilisée au caractère nocif d'une alimentation trop cuite.

Voici une recette de **SMOOTHIE** inspirée de celle d'Irène Grosjean :

INGRÉDIENTS

- 1/2 banane
- 1/2 avocat
- 1 cuillère à soupe de spiruline
- 200 ml de boisson végétale

- Mixez les ingrédients.
- Dégustez.

Irène propose d'autres recettes selon les saisons. La découverte de sa cuisine aura forcément une influence positive et significative sur vous.

1 http://www.santenaturopathie.com/fr/recettes

PASCALE NAESSENS[1] est revenue un jour sur mon chemin, des années après notre rencontre. C'est une amie qui m'a fait découvrir ses livres de recettes pour lesquelles j'ai eu un coup de cœur. Elle propose des plats à base de trois ou quatre ingrédients. Les recettes sont rapides, saines et très savoureuses. Voici un de mes coups de cœur :

POULET AU GINGEMBRE ET AUX ÉPINARDS

INGRÉDIENTS

- 2 filets de poulet
- Sauce soja
- 7 cm de racine de gingembre
- Vinaigre balsamique
- 300 gr d'épinards
- 2 oignons de printemps émincés
- 3 gousses d'ail

- Coupez le poulet en gros morceaux. Faites-les dorer à l'huile d'olive.
- Pendant ce temps, coupez finement le gingembre (vous n'avez pas besoin de l'éplucher) et 3 gousses d'ail. Réservez.
- Ajoutez 8 cuillères à soupe de sauce soja au poulet puis, immédiatement, le gingembre et l'ail.
- Poivrez généreusement, mais ne salez pas car la sauce soja est suffisamment salée.
- Dans une autre poêle, étuvez les épinards dans un peu d'huile d'olive. Assaisonnez d'un peu de poivre et de sel.
- Juste avant de servir, ajoutez 5 cuillères à soupe de vinaigre balsamique au poulet et laissez réduire 1 minute jusqu'à ce que la sauce prenne une consistance sirupeuse.
- Garnissez d'oignons de printemps émincés et servez.

Mon conseil pour le vinaigre balsamique : utilisez un vinaigre balsamique sirupeux de bonne qualité, sinon la sauce sera trop liquide. Pour bien faire, elle doit coller un peu.

1 https ://www.purepascale.com

MARTINE FALLON[2] définit sa cuisine comme étant celle de l'énergie. J'ai eu un coup de cœur pour sa cuisine lorsque je suis partie avec elle en cure détox en Turquie. Je ne me souviens pas d'avoir mangé un plat qui ne m'ait pas laissée pantoise. Mon palais redécouvrait la saveur des aliments, une nouvelle palette de goûts. C'était une manière différente et innovante d'aborder la cuisine.

Fraîche, moderne et goûteuse, elle a l'autre avantage de vous donner de l'énergie. Je viens d'une culture où les plats mijotés un peu gras accompagnés de féculents sont considérés comme des plats gastronomiques. Jusqu'à aujourd'hui, je les aime, mais il est vrai qu'ils entraînent des sensations de de lourdeur et de la fatigue. Martine Fallon propose une version moderne de la cuisine et ajoute sa touche personnelle grâce à sa connaissance des modes de cuisson et des nombreuses épices qu'elle utilise. Son univers culinaire est une merveilleuse évasion gustative.

PAIN AUX GRAINES

INGRÉDIENTS

- 1/2 tasse de graines de tournesol
- 1/2 tasse de graines de courge
- 1/2 tasse de graines de lin moulues
- 1/2 tasse de mélange de noix légèrement hachées : noisettes, pistaches, noix, noix du brésil, etc.
- 1/2 tasse de fruits secs : figues, raisins, abricots, cerises, etc.
- 1 + 1/2 tasse de flocons d'avoine ou d'épeautre
- 2 cuillères à soupe de graines de chia
- 4 cuillères à soupe d'écorce de graines de psyllium
- 1 peu de sel
- 1 cuillère à soupe de sirop d'érable
- 3 cuillères à soupe de graisse de coco liquide
- 1 + 1/2 tasse d'eau chaude

2 https://martinefallon.com/

- Mélangez tous les ingrédients secs dans un moule à pain rectangulaire en silicone.
- Dans un verre mesureur, mélangez le sirop d'érable, la graisse de coco liquide et l'eau. Ajoutez les ingrédients secs dans le moule et mélangez bien 2 minutes jusqu'à ce que le tout soit bien épais. Si le mélange devient trop épais, ajoutez 1 ou 2 cuillères à soupe d'eau.
- Lissez la surface avec les mains ou à l'aide d'une spatule.
  Laissez le pain recouvert d'un linge propre reposer à température ambiante dans la cuisine pendant minimum 12 heures (toute la journée ou toute la nuit).
- Préchauffez le four à 175°C. Placez le pain dans le moule sur une grille au milieu du four et laissez cuire 20 minutes.
- Sortez la grille du four, retournez le moule sur la grille afin d'y démouler le pain, puis replacez au four la grille avec le pain démoulé et poursuivez la cuisson pendant 30 à 40 minutes.
- Le pain est prêt quand il sonne creux. Laissez-le reposer jusqu'à ce qu'il ait complètement refroidi avant de le découper en tranches.
- Dégustez tel quel ou toasté à la poêle, sous le grill du four ou au toaster.

Conservation : au réfrigérateur, 1 semaine (enveloppé dans un torchon) ; au congélateur, 2 mois (découpé en tranches).

La cuisine peut aussi être une magnifique manière de partager son amour. C'était le langage d'amour de ma mère. Sa tendresse se trouvait au cœur des plats. Je me souviens de son steak aux champignons et à la crème, de ses crevettes à la sauce tomate, de son poisson au four avec des pommes de terre. Mais rien ne remplacera le goût de la pâte crue du gâteau qu'elle préparait et dont je léchais le mélange au fond du saladier. Elle avait une passion pour les gâteaux : à la noix de coco, au café, à l'ananas et à la confiture. Chaque année, elle en préparait un pour mon anniversaire. J'ai gardé cette habitude de souffler les bougies sur un gâteau pour mon anniversaire. Même à des milliers de kilomètres de chez moi, en Inde au bord du Gange, l'Univers m'a permis de le faire.

Durant quelques années après la mort de ma mère, j'ai régulièrement réalisé ses recettes pour me souvenir, pour la faire exister sans doute. Mais j'ai également évolué, et ma façon de m'alimenter aussi. Aujourd'hui, s'agissant de desserts, il est rare que j'abandonne mon Paris-Brest. Un seul dessert le supplante. J'ai en effet remplacé les recettes de gâteaux de ma mère, souvent trop sucrées à mon goût, par la suivante :

GÂTEAU AUX HARICOTS ROUGES

INGRÉDIENTS

- 250 g de haricots rouges en boîte
- 200 g de chocolat
- 60 g de sucre roux
- 1 cuillère à soupe d'huile de coco ou d'huile neutre (type colza)
- 3 œufs

- Préchauffez le four à 170°C.
- Rincez les haricots rouges. Ajoutez-y le sucre et l'huile. Mixez.
- Faites fondre le chocolat au bain-marie.
- Mélangez la pâte de haricots au chocolat fondu.
- Ajoutez les 3 œufs, battez le mélange et mettez le tout dans un moule de 20 cm de diamètre.
- Faites cuire pendant 25 minutes, pas davantage. Le cœur du gâteau doit rester fondant.
- Laissez refroidir 15-20 minutes et dégustez.

L'intention est l'ingrédient magique qui change tout dans la cuisine. Prendre le temps de choisir mes produits et poser un cadre dans lequel me plonger pour cuisiner, voilà qui fait partie de ma routine. Au-delà de sa passion pour la cuisine, ma mère mettait beaucoup d'amour dans ses plats, qui étaient assez simples et demandaient peu de technique. À mon tour, je cherche et je mets cet amour dans l'élaboration de mes recettes, même les plus élémentaires. C'est ce que je voudrais transmettre aux personnes pour qui je cuisine. C'est un acte de partage de l'amour que je leur porte. C'est un peu comme une déclaration d'amour culinaire.

Cela étant dit, si manger un hamburger vous fait du bien, faites-le en l'appréciant ! C'est aussi de l'amour. Définir mentalement son intention avant de faire quelque chose est important. Cet exercice peut vous surprendre : vous vous rendrez compte que la grande majorité de nos actions sont faites mécaniquement, sans intention particulière. Formuler une intention permet d'être concentré sur ce que l'on fait, sans se disperser : par exemple cuisiner en passant un coup de fil, en regardant la télévision, en répondant à des mails. S'accorder l'autorisation de ne faire qu'une chose, dans la paix, est un outil précieux qui vous apportera calme et satisfaction. Le fait de formuler une intention est aussi une façon de se donner un but, ce qui est bien utile pour les actions qui semblent *a priori* être des corvées. Si vous devez préparer un repas pour des invités alors que vous êtes épuisé et n'en n'avez pas envie, changez votre point de vue. Plutôt que de ruminer, formulez clairement l'intention de préparer un bon repas qui contribuera à vous faire passer une bonne soirée. Vous prendrez ainsi soin de ce moment et… de vous.

Je pourrais parler pendant des heures de l'alimentation, mais le principal est de comprendre que ce que l'on mange a une influence à la fois sur notre corps et sur notre esprit. Quand on parle de santé, on se réfère au fonctionnement du corps. Dans notre quotidien, le corps est soumis à de nombreux stress. Nous lui demandons beaucoup. Or il ne se réduit pas à ce qui est mécanique et fonctionnel. Prendre conscience du mental, c'est prendre conscience de cette autre dimension qui intervient et qui est en relation permanente avec le corps physique. Les tensions mentales vont créer des tensions musculaires, modifier le rythme de la respiration. Une mauvaise alimentation va créer de la fatigue, du stress, de l'anxiété.

« LE CORPS EST MODIFIÉ
PAR NOS PENSÉES
ET NOS PENSÉES
SONT MODIFIÉES
PAR NOTRE CORPS.

PRENDRE SOIN
DE SON MENTAL
FAIT DONC PARTIE
DU CHEMIN
VERS UN MEILLEUR
ÉQUILIBRE. »

PRENDRE SOIN DE SON MENTAL

« Nous ne sommes pas seulement corps ou seulement esprit ; nous sommes corps et esprit tout ensemble. »

George Sand,
Histoire de ma vie.

Lorsque j'ai perdu ma mère, j'ai catégoriquement refusé de suivre une thérapie. Cette idée était associée au fait d'avoir un problème, de ne pas être comme les autres. Cette décision, je la regrette car le traumatisme que je vivais n'a fait que se creuser de plus en plus profondément en moi. Il a rendu si sensible ma blessure d'abandon que le moindre frôlement me mettait dans une grande souffrance. Tout était à vif car je n'avais pas pris la peine de consulter un spécialiste pour nettoyer la plaie qui suintait.

Ma première tentative de thérapie fut un échec : j'aimais y aller mais j'ai très vite abandonné. J'ai renouvelé l'expérience avec un autre thérapeute, et j'ai à nouveau cessé de m'y rendre. Jamais deux sans trois ! Nous avons tous des blessures superficielles et profondes. Consulter un thérapeute qui nous convienne permet de réparer petit à petit chacune de ces blessures : d'abord en les décelant (toujours la notion de prise de conscience), ensuite en nous préservant de ces blessures par la compréhension des schémas nocifs que nous reproduisons.

Lors de ma troisième expérience de thérapie, j'ai découvert le brainspotting. C'est une piste que vous pouvez explorer. Le brainspotting est une thérapie découverte par David Grand. Le patient expose d'abord au thérapeute sa problématique (perte de confiance, douleur, traumatisme…). Le thérapeute effectue ensuite un mouvement de balayage des doigts devant les yeux du patient. À un moment, il peut observer un tressaillement des yeux, des grimaces. Ces mouvements involontaires signalent qu'une ou des zones du cerveau ont été localisées, les

« brainspots ». Ces zones contiennent le réseau de mémoire en relation avec les troubles psychiques. Le patient se concentre sur la zone, puis se met à l'écoute de ses ressentis et de ses souvenirs sans les juger. Le cerveau commence alors à élaborer des solutions, à donner une autre représentation de la situation.

Ce type de thérapie m'a plongée dans de tristes et douloureux souvenirs que je pensais avoir éloignés mais qui étaient toujours là. Amener cela à ma conscience m'a permis de comprendre ce que je vivais au moment présent. La corrélation entre cet ancien souvenir et son impact sur une situation conflictuelle actuelle a désamorcé le problème dans le présent et m'a conduite à lâcher cette expérience douloureuse.

Il existe de multiples formes de thérapies aujourd'hui. Trouvez celle qui vous convient, ne vous découragez pas. Assurez-vous aussi que votre thérapeute ait suivi une formation sérieuse.

Quand tout va bien, nous nous demandons rarement pourquoi. Mais quand nous ne vivons pas ce que nous souhaitons, quand nous souffrons, le fait d'être bien accompagné pour parvenir à décortiquer notre fonctionnement et identifier les pensées qui nous bloquent nous aide à retrouver notre calme. La méditation et les exercices de respiration peuvent aussi nous aider.

Notre mental organise et structure. Il préside à la mise en place des projets en fonction de la façon dont nous nous percevons. Ses fonctionnements dépendent de plusieurs niveaux de perception :

L'identité :

tout ce que nous pensons être selon notre histoire, notre culture, notre éducation…

Les valeurs :

les principes importants pour nous : la sincérité, le courage, la patience…

Les croyances :

ce que nous considérons comme une vérité. Par exemple, si on vous a répété durant toute votre enfance que vous étiez nul en français, il est fort probable que vous pensiez que c'est vrai. C'est ce que l'on appelle une croyance limitante. Mais si on vous a dit que vous étiez quelqu'un de bien, de beau, de doué, vous pouvez considérer que c'est vrai. C'est une croyance aidante.

Les capacités :

ce que nous savons faire.

L'environnement :

le lieu où vont se dérouler les actions.

Notre mental ne s'organisera pas de la même manière si on nous encourage, si on nous décourage, si nous sommes victimes de violences étant enfant... Nos façons d'agir seront déterminées par un ensemble de facteurs variant d'une personne à l'autre. Quelles que soient ces variables, il est essentiel de maintenir une certaine stabilité en ce qui concerne les émotions, les humeurs, les sentiments. Maintenir un équilibre psychologique donne la force de réagir sereinement face aux événements. Peut-être avez-vous perdu l'équilibre à un certain moment de votre vie, mais le retrouver n'est pas impossible.

Notre mental s'organise également en fonction du temps. Nous avons pris l'habitude de vivre constamment dans le futur, à la recherche du bonheur ou d'un sens d'accomplissement qui nous échappe, ou dans le passé, prisonniers de souvenirs que nous n'arrivons pas à laisser derrière nous. Nous évitons constamment de vivre le présent, de véritablement être présents à chacun des instants de notre vie. Pour Eckhart Tolle[1], il y a deux raisons à cela : nous sommes victimes de nos pensées compulsives (une voix parle sans cesse dans notre tête, juge, commente, conteste, etc.) et nous réprimons certaines émotions négatives car, concentrés sur nos pensées, nous n'écoutons pas nos émotions, qui finissent par ressortir de manière intense, ce que l'auteur appelle notre « corps de souffrance ». À force d'entendre cette petite voix dans notre tête et de ressentir l'intensité des émotions réprimées, nous nous identifions à tout ce monde intérieur.

Mais Eckhart Tolle précise : « Je ne suis ni mes pensées, ni mes émotions, ni mes perceptions sensorielles, ni mes expériences. Je ne suis pas le contenu de ma vie. Je suis l'espace dans lequel tout se produit. Je suis la conscience. Je suis le Présent. Je suis. » En se plaçant comme observateur, sans penser ni juger, juste avec le ressenti, nous pouvons regarder nos émotions. Nous pouvons reconnaître leur présence et leur laisser de la place.

---

1 Eckhart Tolle, *Le pouvoir du moment présent - Guide d'éveil spirituel*, J'ai lu, 2010.
Eckhart Tolle, *Nouvelle terre*, Éditions Ariane, 2005.

S'intéresser de la sorte à ses émotions permet de les évacuer très rapidement, d'éviter qu'elles ne s'accumulent. Observer nos pensées incessantes, observer la voix à l'intérieur de notre tête, sans juger ou condamner, et nous concentrer sur le moment présent nous conduit aussi à retrouver le calme et la paix. Je vous invite à lire les ouvrages de cet auteur, à écouter ses conférences, et vous le souhaite de tout cœur. Le découvrir a changé bien des aspects de ma vie.

« La méditation, c'est une conscience claire de tout événement, un souffle apaisé, un accord avec le monde. »

Blaise Pascal,
Pensées.

LE SUDARSHAN KRIYA

On demanda un jour à un maître qui savait méditer comment, en dépit de toutes ses occupations, il faisait pour être si recueilli. Il répondit :

« Quand je me lève, je me lève.
Quand je marche, je marche.
Quand je suis assis, je suis assis.
Quand je mange, je mange.
Quand je parle, je parle. »

Les gens l'interrompirent :
« Nous faisons de même, mais que fais-tu de plus ?
- Quand je me lève, je me lève.
Quand je marche, je marche.
Quand je suis assis, je suis assis.

Quand je mange, je mange.
Quand je parle, je parle. »
Les gens lui répétèrent :
« C'est ce que nous faisons aussi !
- Non, leur répondit-il.
Quand vous êtes assis, vous vous levez déjà.
Quand vous vous levez, vous courez déjà.
Quand vous courez, vous êtes déjà au but...
À chaque action son moment et à chaque moment son action. »

En 2014, je suis partie à l'ashram[1] de Bangalore, en Inde, à la fondation de l'Art de vivre de Sri Sri Ravi Shankar[2]. Je cherchais une méthode pour apprendre à méditer et je suis tombée sur un article dans le magazine *Happiness* qui parlait de cet endroit. Il peut être extrêmement difficile de s'asseoir et de se mettre à la méditation sans un nettoyage mental préalable. Assainir le terrain est au début essentiel afin d'accueillir la tranquillité nécessaire pour se poser.

« Dès que vous en avez l'occasion, reconnectez-vous à votre respiration, comme si quelqu'un vous prenait par la main et vous emmenait au centre de vous, dans ce lieu doux, calme, paisible... »

Swami Chinmayananda,
La Non-Dualité, Voie d'éveil, voie d'accomplissement.

Après mon séjour à Bali en 2013, je n'arrivais toujours pas à méditer. Cette retraite à Bangalore allait être le début d'un magnifique chemin vers une découverte intérieure. C'est là-bas que j'ai été initiée aux exercices de respiration que l'on fait

1 Nom traditionnellement donné à un ermitage spirituel ou à un monastère hindou.
2 https ://www.artofliving.org/fr-fr

pour se préparer à la méditation. Cette pratique a su calmer mon mental et l'agitation qui y régnait.

Notre vie est rythmée par notre respiration. Nous venons au monde avec la première inspiration et nous quittons ce monde avec la dernière expiration. C'est en fait notre respiration qui apporte le calme au système nerveux. L'art de la respiration permet d'obtenir, à l'aide de techniques, la dissolution des fluctuations du mental et la maîtrise des mécanismes physiques, physiologiques, psychiques de l'individu. Il conduit à une meilleure connaissance et maîtrise de soi. Mon expérience à Bangalore m'a appris à respirer, à calmer mon mental, à m'apaiser et à mieux gérer le stress. C'est là-bas que j'ai appris à pratiquer la respiration rythmique, le Sudarshan Kriya[3], une respiration soutenue, première étape avant la méditation.

Cette technique semble même, d'après une étude menée par l'université de Pensyvalnie (États-Unis), être efficace pour les personnes atteintes de dépression sévère. Les scientifiques ont travaillé avec 25 patients dépressifs sous traitement médicamenteux depuis au moins huit semaines. Ils ont été répartis en deux groupes. Durant les deux premières semaines d'observation, les participants du groupe 1 ont bénéficié de six cours hebdomadaires de Sudarshan Kriya, ainsi que d'exercices de relaxation et de méditation de pleine conscience. Au cours des six semaines suivantes, le groupe 1 a été invité à reproduire à la maison, avec la même fréquence, les exercices appris. Les volontaires du groupe 2, eux, avaient uniquement leur traitement habituel. Huit semaines plus tard, on a observé chez les participants du groupe 1 une nette amélioration de leur bien-être dont ne bénéficiaient pas les participants du groupe 2.

3 https ://www.artofliving.org/fr-fr/quest-ce-que-le-sudarshan-kriya.

LA COHÉRENCE CARDIAQUE

L'importance de la respiration a également été soulignée en 2003 par le docteur David Servan-Schreiber dans son livre *Guérir*[1]. Il a mis en évidence les connexions entre le cerveau émotionnel et le cœur. Ce qui se passe dans le cœur influence ce qui se passe au niveau de nos émotions et inversement. Les battements du cœur et le cerveau s'adaptent au contexte, à ce que nous vivons.[2] La cohérence cardiaque permet d'apprendre à contrôler sa respiration afin de réguler son stress et son anxiété. Grâce à ses quelque 40 000 neurones, le cœur communique directement avec le cerveau. En agissant sur notre rythme cardiaque via des exercices de respiration, nous avons la possibilité d'envoyer des messages positifs au cerveau.

La méthode se résume par le « 365 » : 3 fois par jour, 6 respirations par minute, pendant 5 minutes. Il suffit d'inspirer sur 5 secondes et d'expirer sur cinq secondes (en comptant lentement jusqu'à 5). La méthode peut se pratiquer assis ou debout, mais pas couché.

1. Asseyez-vous confortablement.
2. Fermez les yeux et concentrez-vous sur votre respiration.
3. Gardez le dos droit.
4. Maintenez les épaules droites.
5. Inspirez par le nez pendant 5 secondes. Sentez le diaphragme qui descend. Gonflez le ventre.
6. Expirez par le nez pendant 5 secondes. Sentez le diaphragme qui remonte. Rentrez le ventre.
7. Répétez l'exercice pendant 5 minutes.

1 David Servan-Schreiber, *Guérir le stress, l'anxiété et la dépression sans médicaments ni psychanalyse*, Robert Laffont, 2003.
2 https ://www.coherenceinfo.com/videotheque/videotheque-david-servan-schreiber/

Vous trouverez facilement des applications qui vous guideront pour pratiquer des exercices de respiration aussi utiles aux adultes qu'aux enfants. Apprendre à contrôler sa respiration est un moyen d'autorégulation accessible aux enfants avec l'aide des adultes. Plus ils sont jeunes, moins il est probable qu'ils pensent seuls à modifier leur façon de respirer. Par contre, si les enfants ont développé un intérêt pour leur respiration et en ont pratiqué le contrôle dans un contexte ludique, ils pourront l'utiliser afin de prévenir ou calmer un état de surexcitation ou des émotions envahissantes. Je vous propose pour eux un petit exercice facile à mettre en pratique : l'étoile de la respiration. On s'attachera à présenter cette étoile aux enfants hors de tout état de stress, en leur expliquant que cette étoile sert à respirer tranquillement pour revenir au calme.

L'exercice commence à la branche surmontée d'un grand ①. Les enfants sont invités à inspirer en suivant la branche de l'étoile avec le doigt (le sens est montré par les flèches), puis à expirer en suivant la deuxième branche, toujours avec le doigt. Ensuite, les enfants font une petite pause en laissant leur doigt sur le bouton « Pause » ⏸. Ils peuvent compter jusqu'à 3 ou 4, puis recommencer un cycle inspiration/expiration/pause.

Les enfants continuent ces cycles jusqu'à revenir au point de départ. Quand ils ont tracé toutes les branches de l'étoile, ils ont effectué cinq grandes respirations. S'ils en ont besoin, ils peuvent effectuer une nouvelle série.

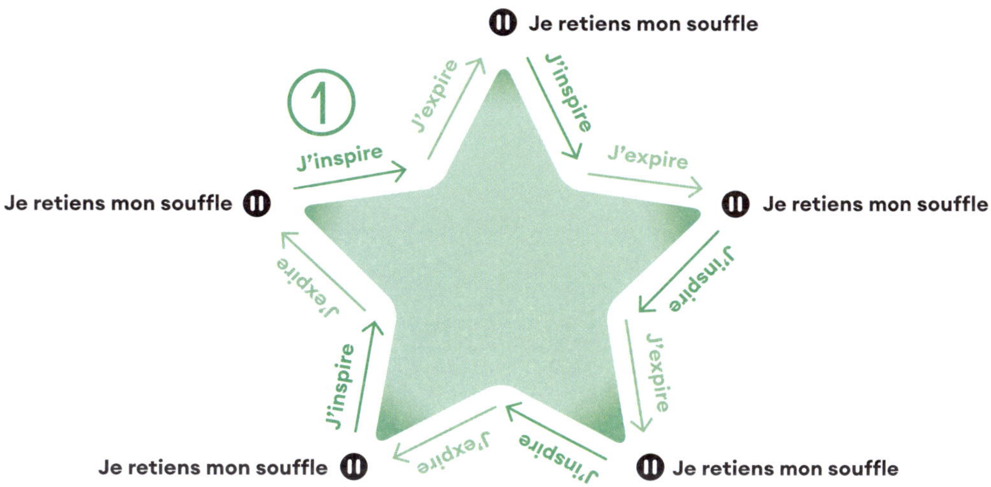

*« On demanda à Bouddha :
" Qu'avez-vous gagné avec la méditation ? "
Il répondit : " Rien. Mais laissez-moi vous
dire ce que j'ai perdu : la colère, l'anxiété,
la dépression, l'insécurité, la peur
de vieillir et la peur de la mort. " »*

LA MÉDITATION

Les premières minutes de ma première méditation m'ont semblé interminables, mais j'ai tenu bon. Au fil de la pratique, mes minutes dans le silence se sont prolongées. Je commençais par mes exercices de respiration (mon Sudarshan Kriya) et j'enchaînais avec 21 minutes de méditation. Je pratiquais chez moi, ou lors de ma séance de maquillage, ou dans le train lorsque je partais travailler en France (à l'époque, je travaillais pour M6 et me rendais à Paris six fois par mois). Les exercices de respiration m'ont aidée à mieux appréhender la méditation et à parvenir à me canaliser afin de me poser pour méditer pendant 20, 30 ou même, parfois, 40 minutes. La méditation m'a apporté plus de conscience de mon état d'esprit, de mes états d'âmes. Grâce à elle, j'avais un moyen de ne pas me laisser envahir directement par elles mais, plutôt, de les rencontrer.

Au moment où je ferme les yeux, je me rencontre intérieurement et je peux assez vite savoir de quoi la journée sera faite. Pendant les premières minutes, les pensées partent dans tous les sens. On pense aux tracas du quotidien, aux obligations, aux envies, aux peurs, etc. C'est normal. La méditation, ce n'est pas « ne pas penser », c'est une observation des pensées suivie d'un détachement pas à pas. Peu à peu, le mental commence à se calmer, devient de moins en moins bruyant. On sort grandi de chaque méditation, en paix et plus à même de mettre les choses à leur juste place. On réagit avec plus de recul face aux situations. Évidemment, cet état est atteint progressivement, au fil des pratiques. Il va s'installer en nous et devenir notre état d'être, lui-même confronté aux tests, aux expériences auxquelles la vie nous soumet.

Mon voyage en Inde a été l'occasion de me plonger totalement dans cette pratique, mais il est possible de pratiquer la méditation sans aller si loin. Depuis plusieurs années, les applications, les cours, les stages de méditation se multiplient. Personnellement, je préfère être accompagnée par un professeur mais là aussi, trouvez ce qui vous convient le mieux.

Dès les années soixante-dix, de nombreux ouvrages ont évoqué les bienfaits des méthodes de relaxation, de la méditation, de la visualisation, etc. Depuis, une multitude de travaux et d'études ont mis en évidence les effets bénéfiques d'une pratique régulière de séances de méditation ou de relaxation. Si la méditation vous rebute ou si vous n'êtes pas convaincu après vos essais, essayez autre chose. Les exercices de relaxation peuvent aussi vous permettre de lâcher prise.

Méditation guidée

Il m'est souvent arrivé de sentir une partie de mon corps se nouer à la suite d'un SMS ou d'un échange avec une personne difficile à « digérer ». Ce sentiment désagréable, qui finissait par se dissiper plus ou moins, je le subissais jusqu'au jour où j'ai pris le temps de m'asseoir et de l'accueillir sans tenter de lutter contre lui ni essayer de le chasser. Je voulais me plonger dans cet état – mon ressenti – afin de le faire disparaître en toute conscience. Avec cette méditation guidée, je vous propose de faire face à vos émotions plutôt que de les mettre sous le tapis, de lutter contre elles ou de les ignorer.

- Installez-vous dans une pièce agréable, celle où vous vous sentez le mieux. Allumez une bougie et de l'encens. Appliquez sur votre poignet quelques gouttes d'huile essentielle de bergamote ou d'une huile de votre choix.
- Asseyez-vous confortablement. Si vous le pouvez, surélevez le bassin en utilisant, par exemple, un coussin.
- Fermez les yeux.
- Commencez par inspirer à votre rythme, ne forcez rien, laissez se faire le flux et le reflux de l'air.

- Laissez les pensées arriver. Observez-les comme vous le feriez en regardant les oiseaux dans le ciel. Restez concentré sur votre inspiration et votre expiration : elles créent un rythme semblable à celui des vagues. Inspirez. Expirez. Écoutez votre souffle. Ressentez l'air qui entre dans vos narines en même temps que votre ventre se gonfle. Ressentez l'air qui sort alors que vos côtes s'abaissent.
- Continuez ces respirations, tranquillement.
- Maintenant, pensez au sentiment qui vous a incommodé. Accueillez-le sans résistance, laissez-le prendre sa place sans jugement. Ne le contenez pas. Contentez-vous de l'observer.
- Sentez où l'inconfort se loge dans votre corps. Ne résistez pas. Observez.
- Peut-être que votre gorge se noue, qu'une colère monte, que vous ressentez une oppression dans la poitrine, que votre estomac se contracte, que votre nuque devient douloureuse ? Concentrez-vous sur cet endroit et cette émotion. Imaginez que vous mettez de l'air dans ces endroits de votre corps qui vous parlent. Prenez une longue inspiration pour 1, 2, 3, 4, 5. Retenez votre respiration : 1, 2, 3. Expirez doucement : 8, 7, 6, 5, 4, 3, 2, 1.
- À nouveau, prenez une longue inspiration pour 1, 2, 3, 4, 5. Retenez votre respiration : 1, 2, 3. Expirez doucement : 8, 7, 6, 5, 4, 3, 2, 1.
- Encore une fois, prenez une longue inspiration pour 1, 2, 3, 4, 5. Retenez votre respiration : 1, 2, 3. Expirez doucement : 8, 7, 6, 5, 4, 3, 2, 1. Lâchez. Retrouvez une respiration normale.
- Une dernière fois, inspirez pour 1, 2, 3, 4, 5. Retenez votre respiration : 1, 2, 3. Expirez. Lâchez. Retrouvez une respiration normale.
- Sentez chaque partie de votre corps. Sentez l'énergie qui circule dans votre corps.
- Prenez le temps de faire preuve de bienveillance et de gratitude envers vous. Vous vous êtes offert une parenthèse, un temps pour vous, seulement pour vous. Remerciez-vous pour ce cadeau.

Namasté

LA LETTRE DE SECOURS

Malgré tout, quels que soient les merveilleux outils que nous avons à notre disposition, nous sommes humains et nous pouvons vivre des moments d'intenses souffrances, ces moments où nous nous sentons perdus, où nous avons l'impression que nous n'arriverons pas à remonter la pente, où tout nous paraît insurmontable, où nous n'avons même pas l'énergie de prendre le temps de respirer, ne serait-ce que 5 minutes.

« Quand nous sommes en détresse, nous avons besoin de mots d'amour, de présence, de réconfort, de tendresse. Nous avons besoin d'entendre ou de lire des mots réconfortants. C'est ainsi qu'est née l'idée de la lettre de secours. »

Ces moments-là, je les ai aussi vécus et il est probable que j'en vive d'autres. Alors j'ai réfléchi à ce qui pourrait me faire le plus de bien, sans gros effort de ma part. Quand nous sommes en détresse, nous avons besoin de mots d'amour, de présence, de réconfort, de tendresse. Nous avons besoin d'entendre ou de lire des mots réconfortants. C'est ainsi qu'est née l'idée de la lettre de secours.

J'ai demandé à mon meilleur ami, Steven, de m'écrire une lettre que je pourrais ouvrir le jour où je me sentirais désespérée. Steven a toujours su trouver les mots justes et rassurants pour m'apaiser dans les moments les plus difficiles. C'est délicat de savoir calmer la détresse de l'autre. Steven a toujours vu plus loin, plus grand pour moi, et il m'a insufflé cette énergie. Cette lettre, vous la lirez avant moi car c'est une vraie lettre de secours dont l'idée m'est venue lors de l'écriture des clés de ce livre. Elle est précieuse pour moi. Je ne l'ai pas lue. Bonne lecture à vous.

Si le cœur vous en dit, demandez à la personne qui vous semble le mieux correspondre, à celle qui a souvent les bons mots pour vous réconforter, de vous écrire une lettre de secours et de la mettre dans une enveloppe scellée. Vous saurez ainsi que vous avez cette lettre près de vous pour ces moments-là et que vous pourrez la lire pour vous soutenir. C'est précieux.

CHèRE TATI,

Comment vas-tu ? Quelles sont les dernières nouvelles ? Toujours à Paris ou déjà de retour à Bruxelles ? Chaque semaine, nous nous donnons des nouvelles. Ce n'est pas une habitude, c'est plus que cela. C'est le rituel dont nous avons besoin pour continuer à avancer. Nous le faisons depuis plus de quinze ans et il est hors de question que nous nous en passions. Et parce que nous nous connaissons depuis si longtemps, il est parfois difficile de nous rendre compte de l'incroyable chemin parcouru jusqu'ici.

La petite fille a suivi un long sentier sinueux jusqu'à la femme mûre qu'elle est devenue. Depuis que tu es sous les feux de la rampe, ton talent et ta persévérance ont étonné tout le monde. Certaines personnes ont du talent mais ne travaillent pas dur ; d'autres travaillent dur, mais n'ont pas de talent. Tu combines les deux qualités. Ajoutons à cela l'élégance qui te permet d'atteindre tes objectifs de façon magistrale. Celle d'une princesse battante qui s'attache toujours à concrétiser ses visées.

Je me souviens comme si c'était hier de cette soirée où tu as été couronnée en tant que plus belle fille de Belgique. Mais ce n'est pas ta beauté « inimitable » qui m'a le plus frappé, c'est ton aura et ton charisme. À ce moment-là, sur scène, je voyais déjà la princesse et la guerrière. La princesse dans la fragilité et le combat quotidien dont tu parlais. La guerrière dans la manière dont tu as changé le regard que nous portions sur les reines de beauté ou les concitoyens d'origine étrangère. C'est ta voix qui a résonné pour nous ce soir-là : une voix différente, spéciale et authentique. Depuis, cette voix est devenue plus forte, elle a été entendue par tous.

Le chemin que tu as dû parcourir était ardu, Tati. Les cartes qui t'ont été distribuées n'étaient pas des plus tendres pour toi. La douleur et la tristesse de la perte de ta mère à un très jeune âge, puis, plus tard, de ton père, t'ont rendue vulnérable. Mais tu as décidé de te battre et de travailler. Très tôt, tu as été à la recherche d'un sens plus profond de la vie, d'un moyen plus direct pour entrer en contact avec ton âme. Pour toi, l'éveil spirituel est aussi important que de s'alimenter sainement ou de respirer un air pur.

Et puis Paris est venu frapper à ta porte. Tati, le secret le mieux gardé de Bruxelles, a pris le devant de la scène et le phénomène est devenu viral. Tout à coup, le monde avait remarqué ton potentiel, et Paris voulait tout savoir sur toi. La ville la plus élégante du monde convoitait un morceau de la charmante princesse. Même si, toi, tu avais des doutes, le défi était toujours à ta portée. Avec ton intelligence, ton esprit et ton bon sens, personne ne pouvait plus te tromper. C'était ta chance et tu l'as saisie avec grâce. Quoi qu'il t'arrive, de bon ou de mauvais, tu resteras toujours Tati pour moi. Des moments les plus sombres, ceux où tu as le cœur brisé et où les larmes coulent toute une nuit, à tes moments les plus lumineux, ceux où tout le monde voudrait emporter un morceau de toi. Il n'y a aucun risque pour que, maintenant que tu es devenue une star, tu aies des envies de diva ou que tu prennes la grosse tête : tu es restée une Bruxelloise, équilibrée et réaliste. Et par moments, le monde peut s'émerveiller devant cette icône parisienne, la princesse que tout le monde veut adorer.

Ce que j'admire le plus chez toi, c'est ta nature calme et attentionnée. C'est étonnant de voir comment tu planifies ta vie, si sereinement. Tu recherches l'équilibre parfait entre l'esprit, le corps et l'âme. Certains pourraient penser que c'est de la nonchalance ou de l'indifférence, mais c'est tout le contraire. En ne forçant pas la nature, tu laisses les choses se faire de manière ordonnée.

Alors que te dire, en ce moment où tu en as besoin, Tati ? Si tu fais le constat des épreuves déjà traversées, rien ne doit t'effrayer. Tu es toutes les femmes : la petite fille qui s'émerveille encore des beautés de la nature, la jeune femme pleine d'énergie pour faire avancer les choses et la femme sage et mature qui fait les bons choix. Comme le veulent tes origines, tu es libre, personne ne peut t'épingler. Il y a en toi un charisme latin, une fierté africaine, une diligence européenne et une force de volonté asiatique. Les voyages que tu as faits ont enrichi ta personne et ton expérience.

Il fut un temps où tu demandais conseil à tous ceux qui, selon toi, étaient plus sages et plus expérimentés dans la vie. Depuis quelques années, tu es devenue la dame sage qui ne juge pas mais écoute, qui ne fuit pas la situation mais s'attaque aux problèmes et aux défis qui se présentent. Qui plus est, tu aides toutes les personnes qui te sont chères : famille, amis, collègues et proches.

Merci d'être mon amie si spéciale. Merci d'être là même quand je ne te vois pas ou ne t'entends pas. Je ressens ta présence d'une autre manière, de façon plus transcendante. Tu apportes de la couleur à beaucoup de gens, simplement en étant toi-même. Inspirante, authentique et puissante, tu partages tes valeurs et tes sentiments avec les autres.

Tu es maintenant à l'apogée de ta vie. Continue à t'épanouir, laisse le monde prendre part à ton voyage. Tu peux être un exemple pour beaucoup, une source d'inspiration et une compagne pour celles et ceux qui veulent mais n'osent pas regarder la vie en face. S'il te plaît, ne change jamais. Continue à être Tati, pour moi, pour le monde.

Ton Stevie

PRENDRE SOIN DE SON ÂME

« Les mots du corps sont les mots de l'âme, ainsi on ne doit pas chercher à guérir le corps sans chercher à guérir l'âme. »

Platon,
Charmide ou la sagesse.

Le dictionnaire Larousse donne de l'âme la définition suivante : « Siège de l'activité psychique et des états de conscience de quelqu'un, ensemble des dispositions intellectuelles, morales, affectives qui forment son individualité, son moi profond ; esprit, intellect, cœur, conscience. »

Je crois que plus nous nous éloignons du chemin de notre âme, plus nous souffrons. Toutes nos idées, nos blessures et nos croyances peuvent nous empêcher de nous connecter à notre âme. Si nous sommes conscients de notre lumière intérieure, nous pouvons peu à peu cesser de nous identifier au personnage que nous jouons et nous rapprocher de la personne que nous sommes au plus profond de nous.

FAIRE UNE RETRAITE, PARTIR EN PÈLERINAGE

Partir faire une retraite dans un monastère, se retirer du monde dans un gîte perdu dans la nature, effectuer un pèlerinage, marcher… Ces pratiques se retrouvent dans le monde entier. Elles n'ont pas toujours un but religieux. Très souvent cependant, il est question d'une quête pour explorer son âme, pour se retrouver.

L'Inde m'a toujours fascinée, peut-être parce que depuis ma plus tendre enfance, on me parle d'une aïeule originaire de Goa. Ma première immersion dans ce monde date de la lecture de *La Cité de la joie* de Dominique Lapierre. Au bout de quelques pages, j'ai été plongée dans cet univers si singulier. Tout me plaisait dans ce pays : ses couleurs, ses traditions, ses paradoxes, son histoire. J'y suis allée à plusieurs reprises. Le pays de Mahatma Gandhi n'a cessé de m'appeler.

En 2019, en cherchant sur Internet, j'ai découvert la Kumbh Mela, un pèlerinage hindou organisé quatre fois tous les douze ans dans les villes saintes indiennes. C'est sans doute le plus grand pèlerinage du monde. En 2001, pas moins de 70 millions de personnes se sont succédé sur les rives du Gange. En 2013, j'avais vu un documentaire, *Kumbh Mela : sur les rives du fleuve sacré*, réalisé par Pan Nalin. J'étais allée le voir au cinéma. Tous mes sens étaient en éveil. Je me suis connectée à chaque partie de ce documentaire, à la foule, au rituel, à la promiscuité, au spirituel, à la dévotion. À la fin du film, je savais que je réaliserais ce pèlerinage un jour. Et puis j'ai oublié…

Mais voilà que je trouve un article la Kumbh Mela sur Internet en 2019. La cérémonie du bain royal était programmée pour le 4 février, la veille de mon anniversaire. Il existe un calendrier très spécifique pour la Kumbh, calculé selon la position des planètes. Quelques jours sont dits « sacrés », dont le 4 février. Ce jour-là, pour douze heures seulement, l'occasion de nettoyer son âme et celle des 88 générations précédentes se présentait. La purification était obtenue en se plongeant dans le fleuve Gange, car la vertu des eaux du Gange est de purifier ceux qui s'y baignent. Même si ce fleuve pollué est souvent décrié, les sages hindous, sâdhus[1] et pèlerins s'y plongent pour retrouver la pureté et se libérer du cycle des réincarnations. Les eaux sacrées se transforment, selon la croyance hindoue, en nectar d'immortalité qui déleste les baigneurs, mais aussi leurs ascendants, de toutes leurs mauvaises actions.

Cela faisait sens pour moi. Beaucoup de blessures marquaient la vie de mon père, de ma mère et de leurs aïeux. Je partirais donc faire ce pèlerinage, certes pour moi, mais aussi pour eux. Je suis donc partie en Inde, d'abord quelques

1 Ascètes hindous qui ont renoncé à toutes les attaches de la vie matérielle pour se consacrer à la recherche spirituelle.

jours à Jaipur, Udaipur, puis à Agra pour y voir le Taj Mahal[1]. Ensuite, je me suis rendue à Allahabad en avion pour rejoindre les rives du Gange. J'avais réservé mon logement quelques jours plus tôt dans une agence indienne à Delhi, et un taxi devait m'y conduire. Je n'avais ni le nom du logement, ni le numéro du chauffeur. En Inde, il faut être flexible et surtout faire confiance à l'Univers.

J'ai donc atterri sans savoir si mon chauffeur serait là. Il n'y était pas. Il est arrivé avec vingt minutes de retard, à… moto. Je me demandais comment il allait faire tenir ma valise et moi sur cet engin. Mais les Indiens sont inventifs et débrouillards. À la nuit tombée, nous sommes arrivés au bord du Gange, et c'était magique, on sentait l'effervescence. Nous avons fini le chemin à pied car les véhicules étaient interdits. Une heure trente de marche plus tard, j'arrivais dans mon logement. J'étais heureuse d'être enfin arrivée, je me rapprochais de mon rêve.

Le réceptionniste fut très surpris et impressionné d'apprendre que je voulais me plonger dans le Gange. Le soir même, j'ai rencontré un autre pèlerin, venu des pays de l'Est. Je lui ai demandé si je pouvais me joindre à lui, ce qu'il a accepté. C'était plus rassurant pour moi d'être accompagnée. Le rendez-vous était pris pour 5 heures du matin afin d'arriver avant 13 heures au bord du Gange. La nuit fut courte. J'étais excitée à l'idée de vivre ce moment unique, tout en ayant peur de cette aventure un peu folle. Il faisait humide et froid.

Le lendemain, nous avons marché pendant sept heures. Des milliers et des milliers de personnes prenaient la même direction. Les sensations durant les sept heures de marche étaient liées au moment présent. Chaque fois que je m'évadais par l'esprit, mes sensations physiques me ramenaient dans le moment présent. Autour de moi, tout paraissait invraisemblable, de l'homme qui portait une grande barbe à papa rose au *guru* à cheval… C'était un chemin qui devait se vivre dans le corps et non dans la tête, il n'y avait rien à intellectualiser, il fallait vivre le moment et laisser le processus se faire sans intervenir.

Au bout de quelques heures, nous nous sommes retrouvés à un carrefour. La marée humaine y était compacte. J'ai paniqué. Je me souvenais avoir vu dans le documentaire que des personnes perdaient leur famille, et que certaines étaient même mortes piétinées par la foule. En 2013, ce sont 36 personnes qui ont perdu la vie.

1 Mausolée de marbre construit par l'empereur Shāh Jahān en mémoire de son épouse Arjumānd Bānu Begam.

Nous nous sommes arrêtés en hauteur en espérant que la foule y devienne moins dense. Nous avons attendu plus d'une heure. Rien ne changeait. Nous avons dû reprendre notre chemin.

J'avais une peur bleue. Il m'a fallu prendre sur moi car les gens poussaient pour avancer. Le plus grand danger était de tomber, de trébucher sur les multiples tongs perdues dans l'agitation. Je sentais les odeurs des gens, je me connectais à eux comme si nous étions un, c'était étrange. Nous étions tous animés du même désir : arriver à accomplir notre pèlerinage. Je me suis sentie privilégiée d'être là, j'ai beaucoup pensé à mes parents, à ma famille, à mes amis, à l'être que je suis et que j'ai été, à cette quête qui ne s'arrêterait jamais.

« J'ai plongé mon corps et toute ma tête trois fois dans l'eau et, après un remerciement, je suis sortie avec une sensation de fraîcheur, de légèreté. J'avais été lavée, purifiée. »

Ce jour-là, nous étions 30 millions d'individus à nous baigner. Lorsque nous sommes arrivés au bord du Gange, j'ai regardé les hommes et les femmes se mêler pour entrer dans l'eau et je me suis avancée, j'ai remercié la vie de m'avoir accordé la grâce d'arriver jusqu'ici, puis j'ai demandé la permission à l'esprit du Gange de laver mon karma, mes mémoires et celles de mes ancêtres. J'ai plongé mon corps et toute ma tête trois fois dans l'eau et, après un remerciement, je suis sortie avec une sensation de fraîcheur, de légèreté. J'avais été lavée, purifiée.

Le retour s'est fait dans une petite barque, jusqu'à l'autre rive. Nous avons mangé un morceau et poursuivi la route à pied et à moto jusqu'au logement. Épuisée, je rêvais de prendre une douche chaude. Ma chambre était sommaire, et la douche se résumait à un seau d'eau chauffée par une résistance. Je me suis couchée, éreintée. On m'a réveillée juste après minuit pour célébrer mon anniversaire. Le réceptionniste avait demandé à ses enfants d'aller chercher un gâteau pour l'occasion. À des milliers de kilomètres de chez moi, j'ai eu l'un des anniversaires les plus authentiques qu'il m'ait été donné de vivre en trente-quatre ans. C'est un souvenir qui reste encore très vif dans mon cœur et dans mon âme. Je vous invite à connaître ce type d'expérience, ce rapprochement avec soi-même, que vous le viviez lors d'une simple marche en forêt ou lors d'un pèlerinage plus long. C'est un cadeau précieux pour votre guérison spirituelle, pour votre âme.

Quelques mois se sont écoulés depuis cette expérience, je commence à peine à mesurer l'impact de ce pèlerinage. Avant mon départ, j'appréhendais de ne plus autant apprécier l'Inde, de prendre la route seule et de ne pas parvenir à gérer la solitude. Toutes mes appréhensions se sont dissipées à la minute où j'ai foulé le sol de cette terre sacrée. Me rendre là-bas régulièrement, c'est me reconnecter à ma source, nourrir ma spiritualité, un pilier dans ma vie. Cette élan spirituel m'aide à devenir la meilleure version de moi.

Sur votre chemin spirituel, de nombreux autres outils peuvent vous être bénéfiques. C'est le cas des mantras. Un mantra est en quelque sorte une formule sacrée. Littéralement, *Man* en sanscrit signifie « le mental », ou l'acte de penser au sens large, et *Tra* signifie « discipliner, libérer ». Ainsi, le mantra a pour objet de discipliner et libérer le mental. Les mots et les syllabes ont non seulement un son, une vibration, mais aussi une signification, l'ensemble donnant au mantra le pouvoir de redoubler de puissance lorsqu'il est prononcé avec conscience.

RÉCITER DES MANTRAS

C'est en Inde, durant ma première retraite, lors d'un satsang,[1] que j'ai découvert le pouvoir des mantras et de leur pratique. J'imagine que vous avez tous eu l'occasion de ressentir l'énergie considérable qui se dégage de milliers de personnes chantant à l'unisson pendant un concert. Ces sensations sont les mêmes lors d'un satsang où tout le monde chante, la seule différence étant que les mantras ont la capacité de guérir, de modifier notre énergie. Selon le mantra que l'on chantait, je pouvais me sentir baignée d'amour, le cœur ouvert, remplie d'un

1 Discipline spirituelle qui consiste à s'asseoir en groupe pour écouter un enseignant.

grand sentiment de gratitude, ou encore d'une paix intérieure qui me connectait au Tout, à l'unisson. C'est une expérience magnifique que je vous invite à vivre collectivement, ou seul(e) chez vous au calme, en écoutant ces chants.

Dans l'hindouisme et le bouddhisme, un mantra est une seule syllabe ou une série de syllabes répétée sans cesse sur un certain rythme pour faire taire le mental et s'élever. Il ne s'agit pas de savoir les chanter, mais juste de les chanter pour en ressentir les vibrations. Certaines prières catholiques, hébraïques ou musulmanes présentent aussi une fréquence vibratoire élevée qui peut également faire accéder à une certaine « libération » de l'esprit. Le docteur Herbert Benson, professeur, cardiologue, fondateur du Benson-Henry Institute for Mind Body Medicine Harvard, a observé que le chant des mantras amenait le corps à se détendre, la respiration à ralentir, la pression artérielle à baisser.

Quelques mantras

SA RE SA SA

Ce mantra fait grandir notre positivité et notre optimisme. Il permet de se sentir en lien avec l'existence, de communiquer, il lève les obstacles qui empêchent de s'élever et apporte paix et sagesse.

Sa est l'infini, Dieu, la totalité, l'origine, l'élément de l'éther.

Har est la créativité de la Terre, ce qui se manifeste, le personnel.

MON CONSEIL : la version Nirinjan Kaur.

JAP MAN SAT NAM

Ce mantra nous ouvre au flux de la prospérité en accordant à l'esprit la puissance de l'infini, l'accès au divin, et fait revenir l'énergie positive. Il est aussi appelé « mantra de la prospérité ».

MON CONSEIL : la version de Snatam Kaur.

« "Jap man sat nam sada sat nam" : Ô mon mental, vibre avec Sat Nam, la vérité. »

HARI OM

Ce mantra supprime la souffrance.

Hari se réfère à celui qui supprime les douleurs, les blocages. C'est le nom donné au dieu Vishnu, celui qui dissout les servitudes, les péchés, les mauvais karmas.

Om (Aum) est la syllabe sacrée. Selon la tradition, le son créateur de l'Univers est le son Aum, cette vibration « Big Bang » qui lui permit de se déplier. Avant lui, l'Univers était enroulé sur lui-même dans la Shakti (l'énergie cosmique). On dit même que c'est le mantra primordial, la vibration essentielle. Vous pouvez choisir de le répéter mentalement ou à voix haute pour vous aider à garder votre concentration. Il est utile quand vous en êtes à vos premières tentatives de méditation, par exemple. Ce son compte quatre parties distinctes : ah/oh/mmm/silence. Récitez le mantra en fixant votre attention sur cette syllabe et vous arriverez à oublier tout le reste… Plus vous le répétez, plus vous plongez en vous ! Si vous sentez votre esprit divaguer un peu, recentrez-vous doucement. Hari Om.

Les mantras font partie de mes rituels. J'attache beaucoup d'importance aux rituels dans ma vie. Ils me calment, m'apaisent, me rassurent, me centrent. Tout petits, nous avons tous besoin de routines, d'événements qui reviennent régulièrement et nous font nous sentir en sécurité. Grâce à cela, nous commençons peu à peu à prendre soin de nous : nous laver les mains, nous brosser les dents, nous habiller, etc.

Les rituels gardent une fonction enveloppante, contenante, sécurisante et tranquillisante quand nous devenons adultes. Tous les rites peuvent avoir quelque chose de magique. Tout réside dans l'attention portée à ce que nous faisons, dans ce sur quoi notre esprit se porte. Alors nous ne sommes plus dans nos projections, nous ne vivons plus dans le passé ni dans le futur, nous sommes là, ici et maintenant.

MON CONSEIL : la version du chant de Janet Stone.

Nous pouvons aussi avoir besoin de pratiques plus personnelles pour nous séparer d'une personne, pour dire au revoir, pour guérir une blessure.

« CE QUE VOUS PERCEVEZ
COMME PRÉCIEUX N'EST PAS
LE TEMPS, MAIS LE SEUL POINT
QUI EST HORS DU TEMPS :
LE MOMENT PRÉSENT.

EFFECTIVEMENT
IL EST TRÈS PRÉCIEUX.

PLUS VOUS ÊTES CONCENTRÉ
SUR LE TEMPS,
PASSÉ ET FUTUR,
PLUS VOUS MANQUEZ
LE MOMENT PRÉSENT,
LA CHOSE LA PLUS PRÉCIEUSE
QUI SOIT. »

Eckhart Tolle

SE LIBÉRER DES LIENS D'ATTACHEMENT NÉGATIFS

Le petit bonhomme allumette

À plusieurs reprises, la méthode de Jacques Martel[1] m'a permis de me libérer de liens d'attachement négatifs avec une personne. C'est un acte symbolique très fort, très puissant. Le fait de couper ces liens avec une personne ne remet pas en cause l'amour que nous lui portons. Il s'agit plutôt d'une forme de nettoyage. Le but est de couper les liens pour prendre du recul, se libérer, se sentir mieux et laisser émerger les liens positifs qui peuvent nous unir.

Vous avez besoin d'une feuille blanche, d'un crayon ou d'un stylo (si vous le souhaitez, les couleurs correspondant à chaque chakra) et d'une paire de ciseaux.

1. Dessinez-vous comme un petit bonhomme allumette sur la partie gauche de la feuille : la tête, les yeux, le nez, la bouche, le corps, les bras, les jambes. Écrivez dessous votre prénom et l'initiale de votre nom de famille. Pas besoin d'avoir fait les beaux-arts, faites simple !
2. Dessinez la deuxième personne à côté, sur la partie droite de la feuille, et écrivez dessous le prénom de cette personne et l'initiale de son nom de famille.
3. Tracez un cercle de lumière autour de votre bonhomme pour symboliser que vous souhaitez ce qu'il y a de mieux pour vous-même.
4. Tracez un cercle de lumière autour du deuxième bonhomme pour symboliser que vous souhaitez ce qu'il y a de mieux pour cette personne.
5. Tracez un cercle de lumière autour des deux bonshommes, en rajoutant des petits rayons de lumière qui symbolisent que vous souhaitez ce qu'il y a de mieux pour vous deux.
6. Tracez ensuite les lignes d'attachement conscientes ou inconscientes entre les deux bonhommes au niveau des différents centres d'énergie (chakras).

1 Jacques Martel est thérapeute et auteur. Il a notamment écrit *Le Grand Dictionnaire des maux et des maladies*, Quintessence Holoconcept, 1998.

Il doit y avoir 7 lignes qui relient les 7 chakras, c'est-à-dire, de bas en haut :

- chakra racine,
- chakra sacré,
- chakra du plexus solaire,
- chakra du cœur,
- chakra de la gorge,
- chakra du troisième œil,
- chakra couronne.

Vous pouvez les faire de la couleur correspondante, mais ce n'est pas une obligation.

7. Avec les ciseaux, découpez la feuille de papier au niveau des lignes d'attachement.

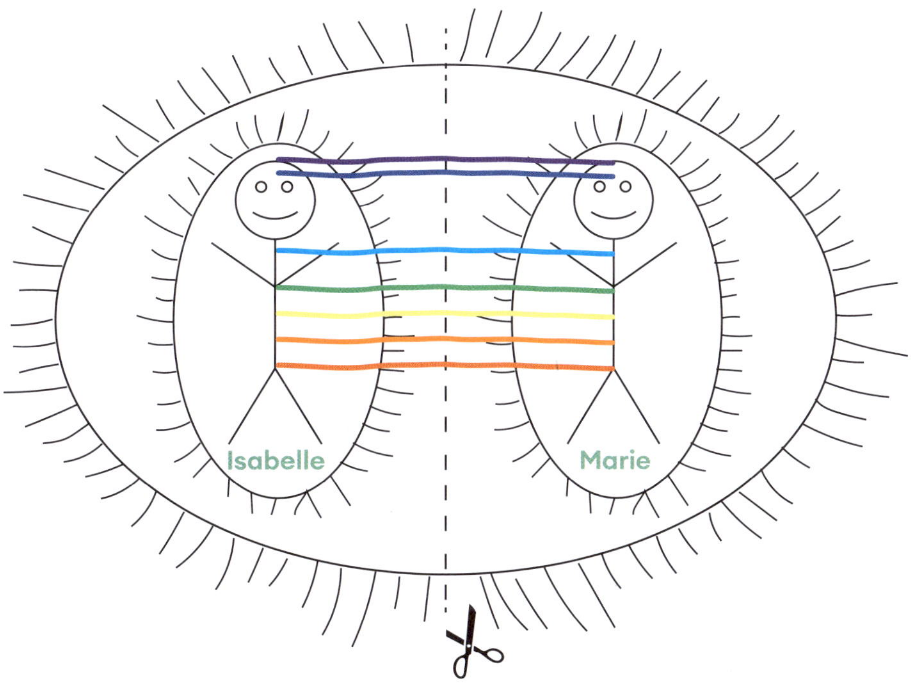

Et c'est tout. Vous faites ce que vous voulez des deux morceaux de papier : vous les jetez à la poubelle, vous les brûlez. Faites vraiment comme vous le sentez et libérez-vous.

Certaines relations sont plus nocives que d'autres, certaines étapes de notre vie sont plus douloureuses, certains choix plus difficiles à faire. Les femmes commencent à parler des difficultés qu'elles rencontrent, elles le font avec passion, parfois avec rage. La parole se libère et prend diverses formes avec lesquelles je ne suis pas toujours d'accord. Mais il est nécessaire d'avancer, de reconnaître nos blessures, nos souffrances.

J'ai choisi d'avorter. Cela n'est jamais anodin, on n'en parle pas finalement, ou du bout des lèvres, mais le corps, le mental et l'âme se souviennent.

Dire au revoir et demander pardon

Au Japon, la cérémonie Mizuko Jizo pour les bébés de l'eau est dédiée aux fausses couches, aux fœtus mort-nés et avortés. Le bouddha Mizuko Jizo représente ces fœtus. Ces cérémonies ont été créées et développées par des femmes. Les bouddhistes croient que les bébés qui meurent à la naissance, lors d'une fausse couche ou d'un avortement n'ont pas d'âme. Ils pensent qu'ils sont dans « la rivière qui sépare le monde de la vie et de la mort ». Ils les voient comme des « bébés de l'eau » qui ont besoin d'aide pour se rendre de l'autre côté. Jizo aide les bébés de l'eau à traverser la rivière jusqu'à la mort, où ils trouveront la paix. Le rituel qui consiste à honorer le fœtus mort-né ou avorté est appelé *kuyo mizuko*.

Au Japon, l'eau est à la fois une reconnaissance de la mort et une expression de la foi en une sorte de renaissance. Lorsque le fœtus ou le nouveau-né meurt, il passe des eaux chaudes de l'utérus à un état liquide, dans lequel il se prépare pour une éventuelle renaissance. Historiquement, les Mizuko étaient enterrés sous les planchers des maisons, où ils devaient se mêler à l'eau des sources naturelles. Dans les temples bouddhiques et dans la campagne, il y a des statues de Jizo. Une femme ou un couple adopte une de ces statues et y inscrit un nom. Ils l'habillent avec les vêtements traditionnels et lui offrent des cadeaux. Il est important pour eux de ne pas oublier le bébé qui est mort. Ils peuvent rendre visite à la statue Jizo pendant de nombreuses années et, éventuellement, y amener ses frères et sœurs.

Les sentiments et les réactions qui suivent un avortement sont complexes. Si vous sentez le besoin de guérir émotionnellement ou spirituellement après un avortement, il est important d'isoler tous les facteurs qui ont contribué à la complexité de la décision. Vous pouvez avoir besoin de parler à quelqu'un comme une thérapeute qualifiée ou des amis proches. La guérison prend du temps. Vous pouvez ressentir de la peur ou même un sentiment de panique. Prenez le temps dont vous avez besoin, c'est un investissement pour vous-même. Pour de nombreuses femmes, des sentiments de perte, de chagrin ou de dépression peuvent survenir à la suite d'un avortement, d'une adoption, d'une fausse couche ou d'un accouchement. Pour certaines, ces sentiments ne sont pas trop envahissants tandis que pour d'autres, ils peuvent prendre toute la place. Notre société ne nous encourage pas à nommer et à partager nos sentiments. Il ne nous est pas toujours aisé de demander le soutien des autres.

Pouvez-vous avoir de la compassion pour vous-même et apprécier l'amour et le soin avec lesquels vous avez pris cette décision ? Vous méritez la compréhension et le réconfort, quel que soit votre choix. Vous pouvez choisir votre rituel selon vos souhaits : planter un arbre ou des fleurs, écrire…

À l'époque de mon avortement, j'étais trop peu consciente de l'acte que je commettais. Je n'ai réalisé aucun rituel d'adieu, ni allumé de cierge à l'église. Je le regrette aujourd'hui. En écrivant ce livre, j'ai découvert la cérémonie Mizuko Jizo qui aide ces âmes à partir en paix. Créer un rituel autour de ce moment est un acte symbolique pour ne pas oublier, pour respecter cette âme et vous pardonner. Comme le disait Simone Veil : « Aucune femme ne recourt de gaieté de cœur à un avortement. » Et elle

« Pardonne-moi
C'est trop tôt
Le problème, ce n'est pas toi, mais moi
Je ne suis pas prête
Trop fragile encore
J'ai peur de ne pas pouvoir te protéger
Je renonce à toi, à nous
Ton envol laisse un vide
J'espère que
tu me pardonneras et
que tu reviendras un jour. »

Tatiana

disait vrai, cet acte est douloureux, culpabilisant, et peut nous hanter toute une vie. Aujourd'hui, je prends conscience de ma singularité en tant que femme, du privilège de porter la vie. Avoir la chance de choisir doit se vivre avec respect pour ce précieux cadeau qui nous a été fait. Il faut être consciente pour se préserver un jour d'avoir à faire ce choix et, si le dilemme se présente, prendre sa décision en son âme et conscience.

Si vous avez du mal à vous pardonner d'avoir avorté, que vous êtes confrontée à une situation difficile, à un conflit, à des émotions négatives, vous pouvez aussi essayer la méthode **ho'oponopono**, que j'ai expérimentée dans un autre cadre.

« Le seul lieu de l'Univers que nous pouvons vraiment changer, c'est nous-mêmes. »

Aldous Huxley,
Le meilleur des mondes.

« Désolé !
Pardon !
Merci !
Je t'aime ! »

Méthode Ho'oponopono

Le mot hawaïen *Ho'oponopono* signifie « recréer l'ordre universel ». Selon les principes de la méthode Ho'oponopono, chacun est responsable de sa vie, donc de sa paix intérieure et de ses actions.

L'essentiel de la méthode *Ho'oponopono* tient dans une simple formule : « Désolé ! Pardon ! Merci ! Je t'aime ! » En récitant la formule tout comme on récite des mantras, nous apprenons à prendre une certaine distance face à ce qui nous arrive, et à modérer nos attentes.

Il m'est impossible de me rappeler comment le livre expliquant cette méthode s'est retrouvé entre mes mains, mais le souvenir que j'en garde est très positif. Il a changé quelque chose d'important. En réalité, je pense avoir trouvé un apaisement après avoir effectué les exercices préconisés. Je sais qu'une personne m'avait blessée. J'ai donc souhaité appliquer cette méthode afin de soulager la tension que la situation avait créée entre cette personne et moi. Et aussi étrange que cela puisse sembler, elle a porté ses fruits.

La difficulté que j'ai quelquefois rencontrée dans la vie, c'est de ne plus avoir la mainmise sur une situation et d'en souffrir encore. Parfois, entreprendre une thérapie n'est pas assez efficace ou ne parvient pas à nous défaire d'un sentiment désagréable. Cette méthode, elle, nous amène à nous responsabiliser, à ne pas subir. J'ai eu l'impression d'inverser la vapeur, de libérer le négatif qui me rongeait, de le transformer en énergie sereine.

PRATIQUER DES RITUELS

CRÉER UN ESPACE SEREIN

« Le rangement doit consister essentiellement à restaurer l'équilibre entre les êtres humains, leurs biens et la maison dans laquelle ils vivent. »

Marie Kondo

Le rangement et le ménage sont aussi des éléments importants pour transformer le négatif en positif. Une salle de bain rangée, par exemple, nous donne envie de nous prélasser. Un salon rangé, peuplé d'objets que l'on aime, nous apaise. Contrairement à ce que prône notre société de consommation, simplifier sa vie, c'est l'enrichir. Essayez : épurez votre intérieur, videz vos armoires et prenez soin de votre corps, donc de votre esprit…

Plus qu'un rituel, créer un espace serein est devenu un art de vivre. Lire le livre de Marie Kondo *La Magie du rangement* a été une étape importante sur mon chemin spirituel. Par la matière, j'ai pu m'affranchir de ce qui faisait partie du passé sans devoir définir de quoi il s'agissait. On peut se perdre dans cette quête d'affranchissement qui semble si abstraite, si peu palpable, presque irréelle. Trier, donner mes affaires a été un fabuleux chemin de libération. Lire ce livre a mis des mots sur un sentiment dont je n'arrivais pas à apprivoiser les contours. Tout ce que l'auteure disait faisait sens et se révélait comme une évidence. Pour créer de l'espace EN moi, il fallait que je crée de l'espace CHEZ moi. C'était une expérience marquante et très libératrice. J'ai eu l'impression qu'en donnant une grande partie de mes vêtements, livres et objets de cuisine, je me dépouillais émotionnellement également.

Le plus merveilleux dans cette technique c'est qu'elle continue à évoluer. Ponctuellement, j'éprouve le besoin de faire un grand tri pour ne garder que les pièces et objets que j'aime vraiment et que je vais faire vivre. Comme Marie le dit si bien, ils ont été créés pour être utilisés. Chaque chose à sa place, à chaque chose son utilité. C'est pareil pour nous. Ne cherche-t-on pas notre place dans ce monde ? Et, une fois trouvée, ne nous comble-t-elle pas ?

Ce livre a rencontré un tel succès que le magazine *Time* a nommé Marie Kondo parmi les 100 personnalités les plus influentes de l'année en 2015.

KARMA YOGA ET BÉNÉVOLAT

Dans la vie quotidienne, nous pouvons apprendre à ordonner corps et esprit, à atteindre une forme de libération en pratiquant des actions conscientes, à changer les situations négatives en situations positives. La philosophie du yoga nous incite à atteindre une forme de libération en pratiquant des actions conscientes. C'est ce qu'on appelle le karma yoga, le yoga de l'action : faire quelque chose de son mieux sans chercher la perfection, en se détachant des résultats de l'action, en restant centré sur ce que l'on fait, sur l'objet, en étant pleinement conscient de l'acte et du moment présent. Dans les ashrams, nous sommes invités à accomplir ces actes, quelle que soit la mission : distribuer des repas, faire la vaisselle, s'occuper des nouveaux arrivants…

C'est comparable au bénévolat en ce sens qu'il s'agit d'une action désintéressée. Mon engagement auprès de différentes ONG reflète mon désir d'équilibre. Mon engagement vis-à-vis de Handicap International, la lutte contre le cancer du sein, Mercy Ship et l'Unicef ont été très importants pour moi. Il me semble primordial de me mettre au service des autres, de faire partie de la chaîne de solidarité. Chacun d'entre nous a sa place, et surtout un rôle à jouer. Mes différentes missions au cours de ces quinze dernières années ont ouvert mon horizon, ont remis certaines choses en perspective et m'ont fait rencontrer des personnes dont le mode de vie semblait très éloigné du mien. En les écoutant, mon empathie et ma gratitude se sont développées, même si certaines situations difficiles ont réveillé une vieille blessure liée à l'injustice. Faire don de son temps, de soi, donne aussi un sens à notre vie, guérit notre âme. Ces actes simples peuvent être accomplis au quotidien : faire les courses pour votre voisine lorsque vous faites les vôtres, proposer à une maman de prendre son enfant après les cours pour qu'elle se repose, écouter une personne en détresse qui a besoin de parler.

« Ces actes simples et généreux apporteront de la lumière à votre âme. »

PRÉPARER ET BOIRE UN THÉ

Boire un thé est une parenthèse qui m'apaise et me déconnecte du monde. Quelques gorgées me plongent dans un jardin zen à la verdure apaisante, aux bruits relaxants. Le temps est comme suspendu. Depuis peu, le matcha s'est installé dans ma vie comme une routine matinale des plus dépaysantes. Je le prépare en pleine conscience car il requiert quelques étapes avant d'être dégusté si l'on souhaite le préparer dans les règles de l'art : tamiser la poudre dans un bol préalablement chauffé avec de l'eau, verser délicatement un peu d'eau à 70 °C, émulsionner le liquide obtenu avec un fouet en bambou afin d'obtenir une mousse onctueuse, et enfin déguster, les yeux fermés, afin de se plonger complètement dans cet instant.

« On boit le thé pour oublier le bruit du monde. »

Lu Yü,
maître de thé.

Hormis ses nombreuses vertus – c'est un antioxydant riche en catéchine : il en contient 137 fois plus que le thé vert japonais –, le thé matcha a la particularité de booster grâce à la caféine et d'apaiser grâce à la L-théanine. Les moines zen japonais le préfèrent à d'autres boissons car ils peuvent ainsi tenir longtemps leur méditation tout en bénéficiant d'un effet apaisant.

PRENDRE UN BAIN

Prendre un bain est une pratique millénaire qui a certes évolué au fil des siècles, mais dont la symbolique est restée la même : c'est un temps de purification, de détente et, parfois, de partage.

Pour ma part, je prends des douches froides tous les matins. Il est rare que je prenne un bain, pour des raisons écologiques d'une part, mais aussi parce que je n'aime pas rester longtemps dedans. Je considère le bain comme un rituel de purification. Je le prépare avec attention. Lorsque je décide d'en prendre un, c'est parce que je ressens la nécessité de me nettoyer énergétiquement, de me détendre ou de prendre un nouveau départ.

Un bain de sel

J'utilise du gros sel marin gris auquel j'ajoute des huiles essentielles. Le sel marin soulage les douleurs et les tensions. Le sel d'Epsom peut être une belle alternative, mais il est contre-indiqué dans certains cas : son usage externe n'est pas recommandé aux personnes souffrant d'œdèmes, de problèmes cardiaques, d'hypertension, d'insuffisance rénale ou de problèmes cutanés. Demandez conseil à votre médecin avant de l'utiliser dans votre bain.

Un bain d'avoine

J'aime aussi les flocons d'avoine mélangés à du bois de rose. Je place le tout dans un pochon que je laisse infuser dans mon bain. Quelle douceur !

Une douche de roses

Enfin, pour prendre un nouveau départ et se libérer de ce qui ne nous appartient plus, j'utilise la pluie chaude de roses. La rose symbolise l'amour et je la relie à l'amour de soi. Dans ce cas, il est mieux de se procurer des roses séchées sans pesticides. Si vos roses viennent d'un jardin ou que vous êtes sûrs de leur origine, optez pour des pétales frais.

Avant ce rituel, il est important de définir votre intention. Prenez le temps de réfléchir à ce qui vous pèse et pourquoi. Lorsque vous effectuerez cette purification, demandez à l'Univers de vous aider dans ce processus. Visualisez cette pluie vous lavant de ce qui vous accable.

Je commence par faire bouillir 10 litres d'eau. Je laisse l'eau refroidir quelques minutes avant d'y plonger deux poignées de roses séchées ou fraîches. Comme pour une tisane, je laisse infuser. Pendant ce temps je prends une douche pour être propre et accueillir cette infusion de roses. Je me rince une dernière fois avec cette eau de roses (j'utilise un arrosoir avec un pommeau). Si vous n'avez pas d'arrosoir, un seau et un bol feront l'affaire, mais la sensation est magique avec l'arrosoir : on a l'impression qu'une pluie vient nous purifier entièrement.

Si vous cherchez d'autres rituels de bains, je vous conseille le livre *Un soupçon de magie,* de Semra Haksever *Le lotus et l'éléphant*.

Une petite histoire de bain

Au Japon, le bain est associé au savoir-vivre raffiné, poétique. C'est un élément de civilisation, au même titre que la cérémonie du thé ou les haïkus[1]. Beaucoup de Japonais prennent le bain chaque soir, après le travail, après l'école pour se relaxer et pour bien terminer la journée. Selon les saisons, les Japonais prennent des bains de pin, de fleurs de cerisiers et même de yuzu. Depuis longtemps, les Japonais utilisent le yuzu pour ses vertus bienfaisantes, pour éloigner le malheur et pour porter chance.

« Quelques yuzus flottent dans la baignoire, je regarde cette couleur toute vive, je sens cette odeur fraîche… C'est un cadeau magique pour nos yeux, notre nez et pour notre cœur ! »

Machiko

1 Le haïku est un court poème, né au Japon à la fin du XVIIe siècle. Il est par excellence la capture de l'instant présent dans ce qu'il a de singulier et d'éphémère.

PRENDRE UN BAIN DE... GONGS

Le bain de gongs est une technique très ancienne venue d'Asie. C'est un bain sonore qui produit une sensation de bien-être. Les vibrations sonores émises par les gongs provoquent celles de l'eau contenue dans notre corps. Les bains de gongs apportent une sensation intense de relaxation et de bien-être. C'est une amie proche qui m'a fait découvrir les soins énergétiques sonores. Nous étions dans une salle où la personne qui nous recevait avait installé une dizaine de gongs et des bols chantants. Allongées, les yeux fermés, nous nous sommes baignées dans ces vibrations sonores pendant 1 heure 30. Je suis sortie complètement apaisée. J'avais l'étrange sensation d'être neutre, purifiée, débarrassée de tout blocage, de toute inquiétude.

À chaque séance, la promesse est tenue. Lorsque je sens un trop-plein d'émotions, je m'inscris au bain de gongs. Le résultat est toujours bluffant. L'onde des vibrations me traverse et, à chaque nœud, à chaque blocage qu'elle rencontre dans mon corps, elle butte, passe et repasse dessus jusqu'à ce que tout soit dénoué. Des images ou des pensées remontent parfois à la surface, et c'est normal. Comme en méditation, nous avons juste à observer ces pensées.

Les soins sonores sont organisés par des thérapeutes et se font en groupe ou individuellement. J'aime beaucoup celui de Zen and Sounds à Paris. Vous pouvez aussi trouver sur Internet de nombreux podcasts ou vidéos pour prendre ces bains seul. Je le fais aussi et le résultat est tout aussi satisfaisant.

Installez-vous dans une pièce confortable où vous êtes sûr de ne pas être dérangé, allumez une bougie si vous en avez envie, créez l'environnement qui vous rend serein. Et laissez les sons agir sur votre corps.

Ritualiser, c'est créer une cérémonie et donner un caractère plus sacré à l'acte que nous posons. Célébrer les changements de saison tout comme fêter un anniversaire sont des moyens de concrétiser une transition, d'initier une nouvelle manière de vivre, d'insuffler une autre façon d'être, comme un rite de passage. Tout comme les équinoxes et les solstices rythment les saisons, les rites de passage rythment la vie de l'être humain, signalent une nouvelle étape : naissance, mariage, décès, passage de l'enfant à l'adulte… C'est un moment crucial d'évolution pour chacun.

TIRER LES ORACLES

Je tiens à vous rappeler qu'aucune méthode n'est meilleure qu'une autre : la meilleure, c'est celle qui vous va, avec laquelle vous vous sentez bien. Prendre soin de soi passe avant tout par l'écoute de soi. L'outil suivant, par exemple, peut vous intéresser ou vous paraître un peu perché. Il m'a pourtant beaucoup aidée. Je suis une curieuse, j'aime découvrir, comprendre et apprendre, me remettre en question, et les oracles font partie de ce que j'utilise pour progresser sur mon chemin. Il existe de nombreux oracles qui comportent des cartes et des livrets d'interprétation, et dont les illustrations varient selon les thématiques.

Ma préférence va au jeu de tirage de Monique Grande, *Féminitude*[1], découvert récemment. Il donne une autre perception de notre place au moment présent, nous amène à sentir et à vivre notre nature féminine. Il ne s'agit pas d'une prédiction de l'avenir mais d'indications concernant l'énergie présente au moment où vous tirez la carte, du message que vous avez à entendre, de ce qui pourrait vous aider pour avancer.

Les oracles peuvent apporter du soutien. Les citations associées à certaines cartes peuvent vous aider à bien démarrer la journée. J'aime à dire que c'est la carte qui nous choisit et non le contraire.

Il est aussi possible de réaliser son propre oracle, pour le personnaliser, l'illustrer selon ses envies, ses goûts. C'est toujours amusant et créatif de créer son propre jeu. Je vous propose 22 arcanes majeurs à découper (voir page 179). Chaque arcane vous apporte un mot, une façon de prendre soin de vous, une mission pour la journée. Est-ce que vous aurez à méditer ? À prendre le temps de déguster un plat ? À écouter les chants d'oiseaux ou votre musique préférée ? À écrire, à dessiner ? Offrez-vous ce temps pour vous aujourd'hui.

1 Monique Grande, *Féminitude, une exploration des mystères de votre être intérieur,* Souffle d'or, 2003.

« Vous ne pouvez pas épuiser votre créativité. Plus vous l'utilisez, plus vous en avez. »

Maya Angelou

Nous pouvons tous être créatifs. La société a tendance à nous couper de cette ressource. C'est pourtant l'un des aspects qui nous différencient de la machine. La créativité favorise notre ouverture aux autres, à l'environnement, à la recherche d'idées… Dans son livre *Libérez votre créativité*[2], Julia Cameron propose une série d'exercices qui vous aideront à libérer cette vitalité. Elle propose notamment de prendre des rendez-vous réguliers avec l'artiste qui sommeille en vous : le « rendez-vous de l'artiste » consiste à s'octroyer une pause de deux heures une fois par semaine pour un temps de découverte et de renouvellement créatif. Un temps qui sera distrayant et pas forcément cher. La visite d'un monument, une longue promenade en forêt, un concert, un musée, etc.

Si vous regardez un enfant barboter dans une flaque d'eau, rire de tout son cœur lorsqu'il joue, vous avez vu le plaisir dans sa plus simple expression. Dans notre monde trépidant, les enfants sont les gardiens du plaisir, trouvant du bonheur dans les petites choses de la vie. Qu'il s'agisse de danser, de jouer de la musique, de vous adonner à une passion, de vous lancer dans un nouveau passe-temps, faire quelque chose de créatif, qui vous nourrisse, peut vous aider à ralentir et à vous détendre. Je me suis connectée à cette créativité grâce à la poterie et au dessin. En apprenant la poterie, j'avais envie de me connecter à la terre. Le travail avec un tour de potier demande de l'attention, de la concentration. Cela a permis à mon esprit de ne pas divaguer. J'étais tout autant fascinée par la peinture à l'huile et les peintres de la Renaissance.

J'ai rencontré Serge Goldwicht[3], un artiste qui donnait des cours privés

2 Julia Cameron, *Libérez votre créativité*, J'ai lu, 2007.

3 Serge Goldwicht, *Le Manuel de dessin spontané à l'usage des adultes*, Eme et Intercommunications, 2016. Serge Goldwicht est titulaire d'un master en philosophie, plasticien et créateur d'une méthode de dessin spontanée, l'autopictographie.

de dessins spontanés. Pendant ses cours, j'ai pu explorer un univers qui m'était complètement inconnu. J'avais du mal à abandonner l'idée de faire quelque chose de beau, de réussi, d'exceptionnel. J'accusais une main trop tremblante ou une tache mal placée. Ces cours étaient thérapeutiques. En quelques secondes, notre professeur déterminait à qui il avait affaire, simplement en observant son dessin.

Pour les enfants, les bienfaits du dessin spontané sont connus depuis 1945. « Il dissout les tensions internes et mènent à une catharsis[1] », écrit Madeleine Rambert. Pour les adultes, l'utilisation d'autres zones du cerveau que celles destinées à la pensée logique révèle un plaisir inconnu. Confiance en soi, effet d'une auto-analyse méditative, appropriation de nouveaux univers imagiers.

Le recours à l'imagination hors des stéréotypes crée une bulle bienfaisante dans laquelle les pratiquants puisent une énergie insoupçonnée. Elle est régénératrice et crée de nouveaux chemins neuronaux. Mais les adultes ne sont plus des enfants, ce geste premier, souvent nommé « pulsion graphique », s'éteint peu à peu. Peur de mal faire, impossibilité de se laisser aller, ou crainte du jugement… Les causes de cette disparition sont nombreuses. Et pourtant, il vit encore dans les traces que l'on fait parfois en téléphonant ou en griffonnant distraitement sur une feuille de papier.

Pour réactiver cette écriture venue du fond des âges, des exercices sont possibles. J'ai découvert cela avec Serge, car j'avais besoin de m'exprimer sans jamais avoir osé le faire. Il me restait des souvenirs d'enfance.

Serge a créé une méthode pour retrouver ce merveilleux chemin, loin du dessin académique, où seule notre expression la plus profonde importe. Il m'a accompagnée pas à pas, dessinant en même temps que moi dans une bulle bienfaisante, un espace où la création authentique est devenue possible. Voici un exercice que j'ai réalisé, je vous explique comment j'ai procédé. Tout d'abord, en commençant ce type de création, nous n'avons pas à pré-visualiser une image finale. Arrivera ce qui doit arriver, le chemin a autant d'importance que son but. Le temps également est important. Au début, on a peur, on se dit que cela ne va pas marcher, des pensées négatives surgissent, cela ne va ressembler à rien. Il faut poursuivre, chasser ces dictateurs de l'échec, et au bout d'une quinzaine de minute, le plaisir commence à trouver sa place.

1 Madeleine Rambert, *La Vie affective et la morale de l'enfant*, Delcahux-Niestlé, 1945.

Pour réaliser cet exercice, nous avons besoin d'un pinceau fin, d'une feuille de papier à dessin, et de deux ou trois couleurs, celles que nous aimons. Ici, il s'agit d'acrylique diluée, de manière à offrir une fluidité au coup de pinceau. Mais cet exercice peut se réaliser aux crayons de couleurs, ou même en noir et blanc. Tout commence par des « S » couchés ou droits, que l'on trace les uns à côté des autres. On les colle les uns aux autres en diluant la peinture avec l'eau. Nous sommes dans le vide, on se contente de dessiner des courbes, que l'on peut allonger ou réduire. On ne se presse pas, et on tente de garder un rythme, sans trop y penser. On change de directions au gré de son désir. Peu à peu, trait après trait, un dessin apparaîtra, et réveillera notre imaginaire. Dans ce dessin, j'ai découvert un oiseau, alors j'ai poursuivi mes coups de pinceau, jusqu'au moment où il m'a satisfait et où je l'ai vraiment rencontré. Que le résultat soit figuratif ou pas importe peu. Ce qui doit nous guider, c'est de poursuivre, sans modèle, c'est notre désir d'aller plus loin, trait après trait. Aujourd'hui je le sais, il n'est pas nécessaire d'être un artiste pour pouvoir s'exprimer, nous avons le droit de créer en toute liberté.

Il se peut que votre premier dessin ne vous plaise pas, c'est normal, on n'apprend pas à rouler à vélo en une fois, et un peu de pratique est nécessaire. Mais si vous poursuivez, vous rencontrerez dans un premier temps le plaisir, et plus vous dessinerez, plus des univers inconnus s'offriront à vous, vous ferez des rencontres, avec des formes inconnues, des animaux imaginaires, avec vous-même.

Dans cette période de quête intensive pour moi, ces cours ont fait partie de mon chemin d'évolution. Mon exigence envers moi devenait infondée puisque mon exercice artistique était soumis à des règles, mais que le résultat artistique n'avait pas d'importance. Lorsque mon intransigeance se manifestait, j'avais de plus en plus conscience du fait qu'il s'agissait de mon jugement et non de celui de Serge. Lui venait plutôt souligner les blessures que ce jugement occasionnait en moi. Après cette première expérience, j'ai continué mon chemin. Je suis retournée voir Serge trois ans plus tard : mes dessins étaient différents, le contraste avec ceux du passé était évident. Cela m'a fait un bien fou de l'entendre et de le constater.

Que ce soit du dessin, du tricot, de la danse, de la photographie, des jeux de Merci à vous qui avez pris le temps de me lire. Écrire a été une étape importante dans ma quête. Certes, ce n'est pas la fin de mon chemin, qui a commencé bien avant ma naissance. Mais ce livre est un passage, un temps dédié à l'observation du parcours qui m'a conduite jusqu'ici.

Examiner son passé, y penser, en discuter, c'est souvent en survoler les grandes lignes sans attacher grande importance aux détails. Ils ont pourtant leur place et constituent un Tout. Ce sont aussi ces détails qui créent notre identité, qui nous différencient les uns des autres.

Nous sommes à la fois différents et semblables. Chacun de nous traverse des moments décisifs, des moments clés qui sont des victoires et ou des sources de souffrance. Ce fait est inhérent à notre existence, qui évolue avec le temps. Nos différences résident dans nos façons d'agir ou de réagir, dans les leçons que nous tirons ou pas de ces expériences, dans nos choix, dans nos décisions. Ainsi se constituent nos singularités. Il n'y a pas de bons chemins, de bonnes réactions, de bonnes décisions. Il y a notre chemin, nos réactions, nos décisions qui entraînent des conséquences nous menant vers de nouvelles étapes, encore et encore.

J'ai vécu des expériences amicales, amoureuses, professionnelles qui se ressemblaient. La leçon était toujours la même. Il m'a fallu reproduire les mêmes schémas pour, dans un premier temps, prendre conscience de cette leçon, puis pour la comprendre avant d'aller enfin chercher le moyen de faire des choix différents.

Si vous ne croyez pas au karma, au fait que les expériences sont une chance de se libérer de ce cercle, de la roue qui nous ramène sans cesse à ce que nous devons comprendre pour avancer, essayez de voir ces expériences à répétition comme des moyens de vous affranchir, de sortir de situations qui vous semblent sans issue. C'est ainsi que je vois ma vie aujourd'hui : chaque difficulté, chaque réussite aussi, est l'opportunité de tendre vers plus d'autonomie, d'avancer un peu plus vers une paix intérieure. Ce chemin m'amène chaque jour à être plus sereine, à ancrer les racines de la confiance en moi, à dissiper avec plus de justesse et de rapidité ces peurs qui m'ont longtemps empêchée d'être légère, confiante et reconnaissante envers ce qui est, sans attendre ce qui arrivera.

L'impermanence de la vie fait que nous aurons toujours à vivre des situations

difficiles, mais la complexité de ces situations est souvent liée aussi au regard que nous posons sur elles, à notre méconnaissance des ressources dont nous disposons pour les surmonter. Vous avez tous en vous une force, des ressources pour dépasser les chagrins, la peur, les doutes, la colère, le désespoir… N'en doutez pas.

J'aime beaucoup cette phrase : « Aucune adversité ne vous est donnée que vous ne saurez affronter et dépasser. » Au fil du temps, avec du recul, cette affirmation est devenue pour moi une certitude. J'espère que cela le deviendra pour vous. Avec la quête que vous commencez ou poursuivez, à la recherche de ce que vous êtes, sans vous concentrer sur ce que les gens pensent et attendent de vous, les barrières tomberont une à une.

« Le bonheur n'est pas une chose toute faite. Il découle de vos propres actions. »

Le Dalaï-Lama

Cela prendra du temps et c'est bien normal car nous avons toute une vie pour cela. Cultivez dès aujourd'hui la bienveillance envers vous-même, et accueillez vos côtés les plus fragiles. C'est cette part de vulnérabilité qui vous poussera à la remise en question, qui vous mettra en route, qui vous fera tourner le dos à votre orgueil pour tendre vers plus d'amour et de compassion envers vous-même et envers autrui.

Il y a aussi cette autre phrase que je vous adresse depuis plus de dix ans à la fin de mon bulletin météo et qui est le début de votre chemin. Elle est essentielle pour devenir un phare pour l'autre, qu'il soit votre enfant, votre compagnon, un membre de votre famille, un ami ou qui que vous croisiez dans votre vie. Nous sommes des sources d'inspiration les uns pour les autres, parfois sans en avoir conscience, et c'est là que réside la beauté de l'interconnexion. Sans vous, je n'en serais pas là… Aujourd'hui, je grandis, j'apprends, je me déploie grâce à l'existence de l'autre.

Alors, surtout...

“

PRENEZ BIEN SOIN DE VOUS.

”

REMERCIEMENTS

À Salomé,
Je souris à l'idée que tu liras ces quelques lignes en même temps que tous les autres lecteurs.

Ce livre n'aurait pas pu exister sans toi.
Difficile de mettre des mots sur ma sincère gratitude. Elle se transmettrait mieux sous forme d'une longue étreinte, de chaudes larmes, de joies ainsi que d'une profonde reconnaissance pour m'avoir accompagnée dans ce magnifique travail d'écriture dont le fruit est ces milliers de mots. Ils retranscrivent avec beaucoup de justesse des bribes de ma mémoire, l'intensité de mes émotions et l'abîme de mes blessures.

Je souhaite à chaque lecteur de rencontrer une Salomé Luestrega comme toi, femme profonde, intelligente, dotée d'une grande et brillante sensibilité émotionnelle. Je suis tellement honorée que nos chemins se soient croisés.

Tu es d'une richesse infinie, que je ne finis pas de découvrir échange après échange, partage après partage. Merci de m'avoir poussée à l'écrire une partie de mon chemin, c'est un très grand cadeau que tu m'as fait. J'ai tant aimé ta bienveillance, la pertinence de tes conseils, mais aussi les moments surréalistes que nous avons vécus, caractérisés par cette douce folie qui nous unit.

Tu es une femme qu'on aime au coup de cœur et qu'il est difficile d'imaginer ne plus avoir dans sa vie.

On ne croise personne par hasard, notre rencontre est un cadeau de l'univers pour lequel je garderai une reconnaissance éternelle.

Merci à toi.

Un nouveau chapitre ne peut s'ouvrir sans remercier les différentes personnes sans qui se livre n'aurait pu voir le jour…
À commencer par vous, Marie-France Chatrier. Je n'oublie pas cette interview que vous avez réalisée de moi et qui, sans le savoir, donna naissance à l'idée d'écrire et de partager mon parcours. Vous êtes ma bonne étoile, merci.

Merci aussi à toi, Florence Lec, qui m'as poussée à réaliser ce projet jusqu'à trouver ma maison édition, Albin Michel.

Merci aussi à Aurélie Starckman, à Stéphanie Taro et à Anne Martiréné pour leur professionnalisme et surtout leur patience avec moi. C'est un processus complexe que de se livrer et vous avez été formidables dans cet accompagnement. Merci du fond du cœur.

Les femmes ont été nombreuses tout au long de la naissance de ce livre. Certains hommes ont également porté ce projet.
Merci à toi, Nikos, d'avoir accepté de matérialiser la photo qui allait devenir la couverture de ce livre. Une photo qui, lorsqu'on prend le temps de la regarder quelques instants, dévoile l'essentiel qui est souvent invisible pour les yeux.

Après l'impression, l'aventure continuera avec toi, Alain. À l'heure où j'écris ces remerciements, je ne sais pas jusqu'où va nous mener cette aventure, mais je tenais déjà à te remercier d'avoir accepté de porter ce projet également.

Enfin merci à toutes les personnes qui ont contribué de près de loin à l'aboutissement de ce livre dont mes amis et ma famille, si précieux à mon cœur et à mon équilibre.

Ouvrage publié sous la direction d'Aurélie Starckmann

Réalisation éditoriale : Stéphanie Taro
Relecture et corrections : Audrey Peuportier
Conception graphique et mise en pages : Anne Martiréné
Illustrations : Coraly sauf Shutterstock p. 132
Photographie de couverture : Nikos Aliagas
Photographies de l'autrice sauf Shutterstock p. 162, 165, 167

Tous droits réservés.
© Albin Michel 2021
22, rue Huyghens, 75014 Paris
www.albin-michel.fr

Suivez nos publications sur Instagram : @albinmichel_et_moi
Santé, bien-être, vie quotidienne, cuisine, parentalité, psychologie, développement personnel, loisirs et plus encore

ISBN : 978-2-226-46455-2
N° d'édition : 24566/01
Dépôt légal : septembre 2021
Imprimé par Elcograf en Italie.

100% Renewable Energy Resources, the ones that won't run out

Certifié PEFC
Ce produit est issu de forêts gérées durablement et de sources contrôlées
PEFC
PEFC/18-32-03
www.pefc-france.org

1

Repos

Créez un espace pour être
au calme, flânez sans chercher
à être productif.

2

Authenticité

Soyez vrai, soyez vous-même,
assumez qui vous êtes, soyez
dans votre alignement.
Dites votre vérité.

3

Bienveillance

Pour donner de la douceur
aux autres, il faut commencer par soi.
La bienveillance invite
au non-jugement, à moins d'exigence
envers soi, moins d'intransigeance.
Faites preuve de bienveillance
envers vous.

4

Méditer

Prenez quelques minutes les yeux
fermés, une bougie allumée dans
un espace agréable, au calme,
afin de vous reconnecter avec vous,
sans faire la chasse aux pensées,
juste en les observant.

5

S'exprimer

Dites ce que vous ressentez,
ce que vous pensez
afin d'être entendu et d'exister
mais aussi de permettre
à l'autre de comprendre.

6

Gratitude

Reconnaissez ce qui est,
son importance, sa place
et sa contribution à votre bonheur.

7

Créer

Stimulez votre créativité à travers
toute forme d'art :
écriture, danse, origamis, peinture,
dessin, chant, etc.
Soyez l'artiste de votre vie.

8

Confiance

Enracinez-vous dans votre confiance
et laissez-la émerger.
Prenez confiance en posant
des actes symboliques.

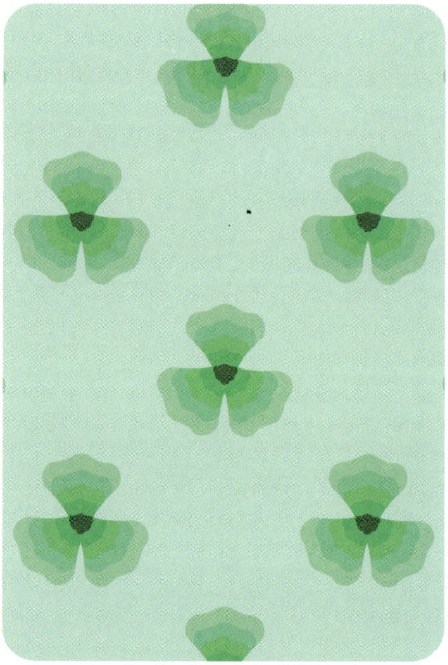

9

Déguster

Quel plat vous ferait envie
aujourd'hui ?
Prenez le temps
de choisir les ingrédients,
au plus simple.

10

Respirer

3 fois aujourd'hui,
arrêtez-vous pour vous connecter
à votre souffle.
Inspirez lentement
et expirez lentement,
plus longuement et cela 7 fois.

11

Écouter

Prenez le temps
d'écouter l'autre
sans l'interrompre.
Ou prenez le temps
de vous écouter.

12

Danser

C'est clair, non ?
Mettez une musique et dansez !

13

Lire

Lisez quelques pages
de votre bouquin du moment
ou de celui que vous souhaitez
commencer depuis quelques mois.

14

Douceur

Introduisez-la dans vos pensées,
vos paroles et vos actes
envers vous et les autres.

15

Désir

De quoi avez-vous envie ?
Qu'est-ce qui vous ferait plaisir
et qui est simple à obtenir ?
Écoutez votre désir et vos envies.

16

Signe

Soyez vigilant :
l'Univers nous parle constamment
et nous envoie des signes,
des réponses à nos questions.
Saisissez les synchronicités.

17

Intuition

Écoutez votre intuition,
votre petite voix,
au moins une fois dans cette journée.

18

Écriture

L'écriture libère.
On reconnaît ainsi ce qui existe
afin de le transformer. Écrivez.

19

Rituel

Pensez à un rituel
que vous pourriez mettre en place
qui vous apporterait calme, sérénité
et connexion à vous-même.

20

Nature

Connectez-vous à la nature en sortant
faire une balade ou faites entrer la nature
dans votre maison en vous offrant
une plante, un bouquet,
ou alors prenez soin de vos plantes
en nettoyant les feuilles avec un chiffon
doux pour les dépoussiérer.

21

Cuisiner

Cuisinez en conscience
et non par obligation,
prenez du plaisir à mettre
de l'harmonie dans votre plat :
mettez des couleurs, des épices…
Et si vous cuisinez souvent,
essayez une nouvelle recette.

22

Bouger

Allez au boulot à vélo,
allez courir, marchez,
faites du yoga, dansez.
Lâchez-vous ! Bougez !